# TAWM TSAM KEV MOB NKEEG TSHWM SIM NTAWM TXOJ KEV XAV

NICK GRIEMSMANN

Luam Tawm: Vaj Leej Txiv Cov Phoojywg

Cover Image Credit: Nick Griemsmann



ISBN: 979-889342509-03 (sc)

ISBN: 979-889342507-9 (e)

Published by: The Father's Friends

# COV TSHOOJ (CONTENTS)

# LUS UA NTEJ (FOREWORD)

Muaj coob leej raug kev tsim txom hauv lub hlwb thiab kev xav. Phau ntawv no yog tshwj xeeb rau cov neeg muaj mob vim txoj kev xav. Kuv thov VajTswv kom phau ntawv no pab koj thiab lossis pab tus neeg koj saib xyuas, uas raug tsim txom hauv lub hlwb kom muaj kev kaj.

Thov paub tias kuv, Nick Griemsmann, tsis yog ib tug kws kho mob hlwb, lossis lwm yam kev kho mob. Kuv tsuas xav pab lwm tus uas raug tsim txom hauv lub hlwb vim kev xav xwb.

Hais rau tus neeg nyeem, phau ntawv no tsuas yog sau qhia txog kuv lus tim khawv uas kuv tau zoo los ntawm tus mob schizophrenia kom lwm tus muab kev cia siab.

Tej yam uas sau rau ntawm no, yog siv pab xwb, tsis yog sau ua saib tsis tau ib leejtwg, los yog pab pawg neeg qhov twg. Kuv vam thiab cia siab tias cov muaj kev nyuaj siab, puas hlwb, los yog mob ntawm txoj kev xav, tseem muaj txoj hau kev ua rov zoo tau.

Kuv sau qhov no tawm ntawm kuv duab plawv rau koj.

Sau Npe,

Nick Griemsmann

*Phau ntawv no yog sau tshwj xeeb rau txhua tus uas raug tsim txom los ntawm kev ntxhov siab, kev puas hlwb, los yog mob ntawm txoj kev xav. VajTswv tseem tsis tau hnov qab, Nws tseem xav ntsoov txog koj.*

# 1

## TSHAV DAV HLAU NYOB NASHVILLE THIAB HOLLYWOOD

"Tus mob no kho tsis tau." Tus kws kho mob hais rau kuv niam li no. Yog ncaij ntuj nplooj zeeg xyoo 2003. Peb tab tom zaum ua ke hauv tsev kho mob nyob lub nroog Phoenix, xeev Arizona. Lub tsev kho mob no pab cov neeg uas nyob tsis tus thiab puas hlwb.

"Kho tsis tau?" Kuv niam nug tus kws kho mob.

Tus kws kho mob muaj hnub nyoog ntawm 70 xyoo. Nws ntsej muag mluas heev. Nws teb rov qab rau kuv niam tias, "Koj hais yog lawm. Xis-kes-txaus-fev-niam (Schizophrenia) yog ib yam mob ntawm txoj kev xav uas kho tsis tau. Koj tus tub yuav tsum tau noj tshuaj txhua lub sib hawm tsis txhob tsum. Tsis tas li ntawv, nws yuav tau noj nyiaj xiam hoob qhab. Qhov zoo tshaj mas, cia koj tus tub nrog koj nyob rau koj saib xyuas nws. Los yog, cia nws nyob hauv lub tsev xiam hlwb nrog lwm tus. Feem ntau, koj tus tub yuav tsis muaj peev xwm ua haujlwm khov kho, thiab nws yuav muaj cuab muaj yig tsis tau."

Tus kws kho mob hais txuas ntxiv tias, "Tsis tas li, muaj qee zaum, nrog cov xwm txheej no, tom qab li 10 xyoo dhau mus, tus neeg mob yuav rais mus ua ib tug neeg tsis meej pem. Nws yuav tsis feeb meej. Li tus neeg ruam uas hnov tabsis txuas lus nrog koj tsis tau."

Kuv niam txawm cia li yoob thiab ntseeg tsis tau tias nws tus tub uas muaj 23 xyoo nrog nws txuas lus tsis tau vim tus mob xis-kes-txaus-fev-niam (schizophrenia). Vim kuv muaj xis-kes-txaus-fev-niam, kuv hnov ntau lub suab tham hauv kuv lub hlwb thiaj tsis muaj peev xwm nrog kuv niam txuas lus tau.

Kuv niam txawm tig ntsia kuv, yam uas txhawj xeeb heev. Nws tuav kuv sab tes thiab hais tias, "Nick, koj yeej yuav tsis ua cas mog."

Tsis ntev tomqab ib lim tiam, kuv mam li tautaub txog cov lus kws kho mob tau hais rau kuv niam wb. Kuv tseem nco thaum kuv zaum hauv kuv niam lub tsev (vim lub caij ntawv kuv tseem nrog niam nyob koom ib tse).

Yog tias ib tug kho mob uas kawm ntawv tiav los, twb kho tsis tau kuv, ntshe yeej tsis muaj hnub kuv yuav zoo tau rov qab los li. Kuv tu siab nrho ntseeg tias kuv lub neej yav pem suab, kuv tej kev npau suav thiab kev ntshaw yuav tsis muaj lawm. Kuv tws kev thiab tag kev cia siab.

Rau lub hlis dhau mus, uas kuv xav ntsoov txog cov lus kws kho mob tau hais rau kuv niam txog kuv lub neej thiab tus mob. Kuv nyob lub neej ntseeg txhua yam uas kws kho mob hais tau rau lub hli txwm nkaus! Muaj ib hnub, kuv txiav txim siab tias txaus dhau heev lawm! Txog lub caij lub nyug uas kuv yuav tsum tawm tsam kom tau tus mob no!

Ib as thiv ua ntej kuv muaj 23 xyoo, kws kho mob ntsuam xyuas kuv tus mob yog xis-kes-txaus-fev-niam (schizophrenia). Xws li ib phaum menyuam, kuv loj hlob hauv ib tse uas tsis muaj txoj kev cai ntseeg. Qee zaum, peb kuj mus tshawj (church) rau cov hnub tseem ceeb uas so (holidays). Qhov tseeb tiag, kuv txoj kev ntseeg tseem tsis tau tob txaus thiab ruaj khov.

Thaum kuv muaj 8 xyoo, kuv niam thiab kuv txiv sib nrauj. Tomqab nkawv sib nrauj tag, kuv txiv tawm tsev thiab tsis nug kuv niam wb moo lawm. Vim tej xwm txheej no, kuv tej kev cob qhia kom tsheej txiv neej yawg --- kuv xyaum los ntawm cov yeeb yaj duab kuv pom, kuv tus tijlaug, thiab kuv cov phooj ywg xwb.

Thaum yuav txog xyoo 2000 – kuv kawm tsis dhau qib 10 kuv thiab tawm, tsis kawm ntawv lawm. Nov twb yog vim rau qhov, kuv muaj yees rau xas (marijuana) thiab quav dej caw (alcohol). Kuv tsuas xav muaj kev lom zem thiab nyiam phov-dim (party) xwb.

Thaum kuv muaj 19 xyoos, kuv ua hauj lwm dam bas thiab cev dej caw (bartender). Kuv kuj kawm ntawv qibsiab (community college) uas nyuaj heev.

Thaum kuv muaj 21 xyoos, ib lub lag luam ua kev lom zem hmo ntuj (nightclub) qhib ib txheeb tsam ze lub bas kuv ua hauj lwm. Kuv txiav txim siab tso ntawv ua hauj lwm (application) rau qhov chaw hmo ntuj ntawv. Tus nai loj ho txais kuv ua hauj lwm, thiaj ua kuv ntseeg tas siab nrho, tias nov yog kuv txoj kev npau suav tiag! Ua neeg nyob, ntshe tsis muaj ib yam dabtsi yuav zoo tshaj lub neej muag dej cawv rau lub lag luam loj hauv lub nroog Scottsdale, xeem Arizona lawm.

Lub sibhawm no, kuv poo nrog cov neeg muaj txiag nplua nuj, tham coob tus hluas nkauj, muag thiab siv ntau hom tshuaj txhaum cai, thiab haus dej caw loj heev. Tiamsis, yog vim li cas kuv yim lom zem, kuv yim txomnyem siab? Txhua yam kuv xav tias yuav ua kuv sov siab, ua kuv tsis muaj kev sov siab lawm.

Lub neej ua hauj lwm dam qhov chaw hmo ntuj, txhua zaus kuv laub dej caw rau luag haus, kuv txawm cia li nyhav siab. Vim kuv paub, cov tuaj haus cawv, yuav tsum tau rov mus tsev. Tabsis lawv yuav tsav tsheb li cas vim lawv qaug caws dhau?

Tsis tas li ntawv, kuv paub thiab pom coob tus niamtxiv tuaj ua plees ua yis nrog lwm tus. Kuv xav tsis tag, tias kuv muaj feem xyuam dhuav luag lub neej li no. Kuv thim xav tau tias, kuv nrhiav tau txoj hauj lwm yuam kev lawm.

Kuv pheej nyuaj siab txog kuv hauj lwm thiab lub neej. Kuv xav txog seb yuav ua li cas tomqab kuv txoj sia tu. Kuv lub txim yuav phua li cas rau tej kev phem kev qias kuv tau ua dhau los? Kuv puas yuav raug txim rau cov lus kuv tau hais thaum kuv tseem muaj sia? Kuv xav paub cov lus teb rau cov lus nug no. Kuv thiaj pib kawm txog VajTswv, seb Nws yog leej twg tiag tiag vim kuv xav paub qhov tseeb.

Kuv pib saib cov pawg ntseeg nyob hauv this vis (TV) thiab yuav tau ib phau ntawv VajLug Kub. Xuj thawj kuv muab phau VajLug Kub zais hauv qab lub tub, nyob hauv chavdej. Kuv txhawj tsam cov neeg nyob nrog kuv koom chav xav tias kuv vwm vim kuv nyeem phau VajLug Kub.

Thaum twg kuv nyeem phau VajLug Kub, kuv lub siab quaj dhi rau Yexus. Tiamsis, kuv nrhiav tsis tau txoj hau kev daws kom tau kuv lub txim. Kuv tej kev nyuaj siab ntxhov plaws zoo li daim pam uas nyhav heev, kuv ev rawv saum xwb pwg. Hauv kuv nruab plawv, kuv paub tseeb tias kuv ua lub neej tsis zoo. Thaum kuv txoj sia tu, kuv puas yuav mus saum Ntuj Ceeb Tsheej los tsis mus? Puas muaj ib leej twg xav plam Ntuj Ceeb Tsheej?

Tejzaum koj yuav xav li kuv xav thiab. Tejzaum hauv koj nruab plawv kuj xav tias koj ua lub neej yuam kev lawm. Txhob tas kev cia siab - vim kev zam txim tseem nyob ze tshaj qhov koj xav tau. Vaj Leej Txiv txhawj xeeb txog koj. Qhov tseeb mas, Yexus tos ntsoov mloog koj lo lus thov. Ua siab loj es thov Nws txhua hnub mog.

Muaj ib tavsu, kuv hu xov tooj rau ib pab pawg ntseeg kom lawv pab thov VajTswv rau kuv. Muaj ib tug muam teb xoj tooj. Nws txawm nug kuv tias, "Koj puas tau muab koj lub siab rau Yexus os? Koj puas ntseeg tias Nws yog koj tus Cawm Seej?"

Kuv tsis nkag siab txog nws cov lus nug kuv, vim muaj ntau pab pawg ntseeg thiab ntau txoj cai. Hauv kuv txoj kev xav mas, lo lus ntsiab kuv tus "Cawm Seej" thiab "muab kuv lub siab rau Yexus" txhais tau ntau yam heev. Kuv thiaj nug kom nws pab qhia kom kuv nkag siab, seb nws txhais li cas tiag.

Tus muam piav qhia txog Txoj Moo Zoo (Gospel) thiab hais lus txhawb kuv kom wb thov VajTswv ua ke. Kuv thiaj lees kuv lub txim thiab kev phem rau Yexus. Thiab kuv tso cai rau Yexus zam kuv lub txim, los cawm kuv, thiab ntxuav kuv nrog Nws cov ntshav uas dawb huv.

Hais siab dawb paug, thaum xub thawj, kuv tsuas thov VajTswv nrog tus muam ntawv, vim kuv ntseeg tias kuv yuav tsum tau thov xwb, zoo yam li ib tug neeg uas raug yuam. Tos kuv hais li no mas, vim tus muam nws tus yam ntxwv quab yuam neeg heev. Tabsis, tomqab wb thov VajTswv tag, kuv thim xav ua tus muam ntawv tsaug. Vim txij hnub ntawv mus, wb cov lus thov VajTswv ua ke tau hloov kuv lub neej tag nrho.

Thaum wb thov ua ke, es kuv hu Tswv Yexus lub npe, kuv txawm mloog li ib lub zog uas sov sov, thiab dawb huv heev cia li los ntxuav thoob kuv ib ce thoob plaws (tamsis no, kuv mam paub tias Nws twb yog Vaj Ntsuj Plig) los roos kuv thiab ntxuav tag nrho kuv txoj kev xav nrog rau kuv tus ntsuj plig. Tsis muaj hnub kuv yuav hnov qab hnub ntawv, uas Vaj Ntsuj Plig tau los rau kuv.

Thaum xyoo 2002, lub plaub hlis ntuj, nws tshav ntuj heev. Kuv txiav txim siab muab kuv lub neej fij rau VajTswv, thiab txais txoj kev zam txim ntawm Nws. Ces kuv txawm lees Nws ua kuv tus Cawm Seej mus ib sis. Tomqab hais kiag cov lus thov no xwb, kuv txoj kev ntshaw lub neej ua si lom zem, haus dejcaw, thiab ua yeeb ua tshuaj cia li ploj tas tam siv. Kuv tau txais lub neej tshiab lawm tiag, li kuv rov yug dua tshiab.

> *"Tus uas nrog Yexus Khetos koom ib txojsia, tus ntawd yog neeg tshiab. Nws lub neej qub twb dua lawm nimno nws muaj lub neej tshiab." 2 KHAULEE 5, Tshooj 17*

Tomqab kuv yug dua tshiab tas, kuv thiaj nrhiav seb puas muaj ib lub tshawj zoo uas kuv koom tau nrog. Kuv txawm tshawb hauv eev-thaws-nem (internet), kuv thiaj tshawb pom ib tug txiv neej uas hais rau sawvdaws tias nws yog ib leeg ntawm ob tug tim khawv raws li phau VajLug Kub Tshwmsim (Book of Revelation). Qhov tseeb tiag, nws tsis yog tus tim khaws ntawv, tabsis yog cuav xwb. Vim kuv los ntseeg tsis tau ntev, thiab kev nkag siab los tsis tau tob txaus, kuv xav tias ntshe nws hais tiag thiab cov lus nws piav yeej muaj tseeb.

Cov lus nws sau txog nws tus kheej hauv eev-thaws-nem hais tias nws lub tshawj muaj peev xwm pab txhua yam uas txhua tus neeg yuav toobkam (xws li khaub ncaws, zaub mov, chaw nyob txhij txhua) tsuas koj txiav txim siab ua Tus Tswv tej dej num, thiab hlub Tus Tswv tas siab tas ntsws. Tsis tas li, koj yuav tsum siv tag nrho koj txoj kev xav, lub neej ntsuj plig, thiab koj lub zog los chawj Tus Tswv ib leeg xwb. Thaum kuv nyeem nws cov lus no, kuv txawm ntseeg tias ntshe nws lub tshawj yog lub zoo tshaj rau kuv lawm. Yeeb vim kuv xav muab kuv lub siab npuab rau Yexus ua Nws dej num, es ua lub neej chawj kuv Tus Tswv ib leeg xwb.

Vim kuv tsis muab tib zoo xav, kuv cia li txiav txim siab ncaim kuv vaj kuv tsev, tej phooj tej ywg los mus nyob nram lawv lub tsev teev hawm "chawj Tus Tswv" nyob rau lub xeev As-kees-xos (Arkansas).

Xub thawj, nyob lub xeev As-kees-xos ntxim zoo thiab. Lub tsev teev hawm twb tsis ntxim li yog thaj chaw uas pe hawm dab. Tabsis ziag no kuv xav txog, yeej muaj ntau yam qhia tau tias qhov chaw ntawv yog ib qhov ntseeg teev lwm yam uas tsis yog Tus Tswv lawm. Tu siab vim lub sibhawm ntawv kuv xam tsis pom thiab paub tsis txog.

Kuv nco tau, tias kuv zoo siab heev vim kuv nyob deb ntawm tej qub phooj ywg haus dej caw lawm. Tsis tas li, kuv twb rais los ua tus neeg dawb huv thiab dim ntawm txoj kev tsaus ntuj lawm. Vim li no, kuv thiaj tau ntseeg lwm tus yoojyim dhau, thiab tso siab heev, es tsis nco qab faj dabtsi li.

Hauv lub tsev teev hawm, kuv tau muab qhov peb nyob ua ke saib hlob dhau. Kuv ntseeg siab tias, vim kuv twb los nyob hauv lub tsev chawj Tus Tswv ua ke nrog cov pawg ntseeg lawm, txhua tsav txhua yam phem, kev qias uas haub ntxias neeg ntiaj teb yuav chwv tsis tau kuv li. Kuv txoj kev ntseeg thiab chaw cia siab tsis nyob nrog Vaj Ntsuj Plig lawm.

Tomqab ob peb lub hlis, cov coj ntawm pab pawg ntseeg ntawv hais rau kuv tias kuv tsev neeg yog dab ntiag tug xwb. Lawv kuj hais ntxiv tias kuv yuav tsum txiav tu nrho txhob nrog kuv tsev neeg tham xovtooj lawm. Lawv tsuas tso cai rau kuv xa ib ob tsab ntawv ib hlis tiam twg xwb.

Lub sibhawm no, kuv mloog txhua los lus lawv qhia. Kuv xav tias, ntshe txoj hau kev kuv taug no, thiaj yog tseem tseem txoj hau kev chawj Tus Tswv nrog ib pab pawg ntseeg uas raws VajTswv lo lus tseeb. Tsis tas li, tus coj ntawm pab pawg ntseeg kuj yog ib tug tim khawv li sau hauv phau VajLug Kub Tshwmsim tau hais tseg.

Ntawm qhov chaw pawg ntseeg nyob, yog muaj leej twg ua txhaum, xws li tsis tu vaj tu tsev, tsaug zog thaum pawg ntseeg sib ntsib, nrog lwm tus sib ceg, los yog muaj neeg hais rau tus coj tias koj ua tsis raws lawv tus yaj saub (prophet) tej kev cai, ces lawv yuav xa ib daim kas xev rau koj mloog vim koj ua txhaum lawm.

Muaj ib zaug thaum peb sib ntsib, kuv tsis paub kuv thiaj tau hnav ib lub ris luv txij hauv caug. Cov coj sawvdaws npau taws thiab tsis txaus siab rau kuv kiag. Ib tug coj hais tias vim kuv hnav ris luv, kuv tau ua txhaum Tus Tswv lawm vim lawv tus yaj saub txwv tsis pub hnav ris luv hauv qhov chaw dawb huv. Tsis tas li, nws hais rau kuv tias vim kuv tsis mloog lawv tus yaj saub cov lus, tsam no yog VajTswv xav, VajTswv txo kuv txoj sia los tau, thiab tso kuv hlawv kom kuv kub nyhiab hauv ntuj txiag teb tsaus. Nov yog kuv lub txim vim kuv tsis ua raws lawv tus yaj saub cov kev cai. Kuv ntshai kawg li os!

Vim cov txim phua txaus ntshai li no, kuv thiaj ua raws txhua yam tus yaj saub hais rau cov coj los qhia rau peb. Lawv hais kom ua dabtsi, ces kuv ua li ntawv.

Cov kab xev lawv muab rau ib tug neeg txhaum yog kaw los ntawm tus coj. Nws cem thiab qw nrov heev. Nws tseem hem tias, lub tshawj yuav muab tus neeg txhaum ncaws tawm los tau. Kuv nco qab, muaj ib tug txiv neej yawg uas tau txais ib daim kas xev, nws tshee thiab ntshai heev li. Tus thawj coj cem tias tus yawg ntawv yuav mag kub hauv ntuj txiag teb tsaus yog nws tsis ua raws li lawv cov kev cai. Tus yawg ntawv thiab kuv wb ob leeg ntshai kawg.

Dua ntawm cov kab xev no, txhua tus ntseeg yuav tsum tau sib ntsib txhua hmo hauv tshawj. Txhua zaus zoo tib yam li qub. Xws li, peb tsuas hu peb zaj nkauj pe hawm, ces ho mloog ob peb zaj lus tim khawv, thiab mloog ib tug txwj laug nyeem phau VajLug Kub (feem ntau peb nyeem txog ntuj txiag teb tsaus) ces peb mam mloog kab xev uas tus thawj coj qhia peb. Los yog, lawv tso daim yeeb yaj txog neeg tswv yim koom tes ua phem zais npog sawv daws (conspiracy theory videos) rau peb saib.

Thaum peb sawvdaws mloog kab xev tus thawj coj qhia, nws tsuas qhia txog cov hluav taws thiab cov faj (sulfur/brimstone) nyob ntuj txiag teb tsaus xwb. Txhua hnub kuv nyob ntxuag kev ntshai thiab kev tsim txom tas li xwb. Hauv kuv txoj kev xav, kuv tsuas pom VajTswv yog ib tug neeg laus tsiv tsaim, thiab phem heev. Thiab Nws zaum saum ntuj tos ntsoov yuav muab neeg ntiaj teb hlawv ciaj hauv ntuj txiag teb tsaus.

Kuv txawm ntseeg tas siab nrho tias, VajTswv tsuas tso qee leej neeg mus saum ntuj ceeb tsheej xwb.

Kuv yeej tsis tau pom tim ntsej tim muag nrog tus thawj coj no li. Wb tsuas yog tham me ntsis hauv xov tooj xwb vim nws tsis nyob koom nrog qhov chaw cov neeg ntseeg nyob. Xov xwm tomqab, mam nthuav tawm tias lawv tus coj nyob nrog menyuam ntxhais mos, thiab yuam cov ntxhais ua nws pojniam.

Thaum txog xyoo 2003, kuv txiav txim siab tawm ntawm pab pawg ntseeg cuav no. Kuv twb tsis paub txog tej xwm txheej no, uas nws yuam cov menyuam ntxhais mos ua nws pojniam txog thaum xyoo 2009 uas tus coj raug ntes. Kuv mam li pom hauv xov xwm tias lub tsev txiav plaub ntug txiav txim rau nws. Thiab xa nws mus nyob tsev laj cuj 175 lub xyoo kom txog hnub nws txoj sia tu.

Kuv koom nyob nrog pab pawg ntseeg cuav no tau 5 lub hlis diam, ces kuv mam tawm xyoo 2003. Tomqab kuv tawm, txhua txhua hnub kuv tsuas yog nyob ntxuag txoj kev ntshai txog raug mus nyob ntuj txiag teb tsaus xwb. Tsis tas li, kuv nyob yam tsim txom heev vim kuv pib hnov ntau lub suab hauv kuv lub hlwb. Thaum xub thawj kuv xav tias cov suab no yog Tus Tswv thiab Vaj Ntsuj Plig cov suab.

Kuv nco tau, thaum ua ntej kuv tawm pab pawg ntseeg cuav, muaj ib hmo tsaus ntuj peb sawvdaws tau mus txawv nroog muab ntawv pub rau luag vim peb xav rub neeg ntxiv los koom nrog peb. Cov suab cia li tswj kuv. Cov suab ntawv cia li qw thiab khoo kom kuv khiav deb ntawm pab pawg ntseeg cuav ntawv. Tomqab taug kev tau ntau mais (miles and miles), kuv pib tham nrog cov suab hauv kuv lub hlwb. Kuv txawm mus poob rau Nashville lub tshav nyobhoom qhov chaw txais hnab (baggage claim area). Txhua lo koj tau nyeem los, yeej muaj tseeb tiag.

Tomqab kuv khiav tawm ntawm pawg ntseeg ntawv thiab taug kev thoob lub nroog, kuv mam feeb meej tias twb sawv ntxov lawm. Kuv zaum saum cov nyom, ze ntawm lub tshav nyobhoom. Kuv nco qab thaum kuv pw ntawm thaj nyom ntawv, kuv ntshai heev vim kuv tau khiav tawm ntawm pab pawg ntseeg lawm. Kuv xav tias yuav tsis muab dabtsi yuav cawm tau kuv ntxiv lawm.

Tus yaj saub cuav tau hais rau sawvdaws tias, peb pab pawg ntseeg thiaj yog lub tseem tseem tshawj (one true church). Thiab yog koj tseem tawm, ces txhais tau tias koj tso Yexus thiab Vaj Ntsuj Plig tomqab thiab. Tsis tag li ntawv, cov uas tawm yuav raug mus ntuj txiag teb tsaus mus ib txhiab ib txhis vim lawv tau thuam (blaspheme) tus Vaj Ntsuj Plig lawm.

Kuv rov qab mus tom tshav nyobhoom tom qhov chaw txais hnab (baggage claim area) mus siv chav dej thiab haus dej. Thaum nyob hauv chav dej, cov suab suab muab tswv yim rau kuv. Cov suab hais tias kuv yuav tsum txhos caug kom sawvdaws pom, thiab kaw kuv qhov muag, ces pe thov VajTswv nrov nrov kom sawvdaws hnov. Cov suab hais tias, yog kuv uas li lawv hais ces VajTswv yuav ya kuv mus rau Ground Zero hauv lub nroog New York City mus qhia VajTswv txoj lug rau txhua leej nyob ntawv. Tsis tag li, cov suab kuj hais tias kuv yog ib tug saub muaj hwj chim uas piav txog ntiaj teb xaus (end-times prophet).

Kuv taug txog qhov chaw txais hnab, nws muaj li ib txheeb tsam ntawv ob puas tawm leej. Kuv cia li txhos caug, kaw kuv lub qhov muag, rua ncauj nthe thov VajTswv. Ces cov tub ceev xwm hauv tshav nyobhoom los muab kuv ntes. - Teg! Poog! Uaj!

Cov tub ceev xwv nthe kom kuv tsum los kuv yeej tsis tsum li. Tos nco ib tug tub ceev xwm cia li ntaus kuv. Txawm kuv poob rau hauv av los kuv tseem haj yam qw nrov. Vim kuv ntseeg tias yog kuv yeem qw nrov, ces VajTswv haj yam yuav xa kuv mus tamsim ntawv. Tomqab cov tub ceev xwm tswj tau kuv, lawv muab kuv pav li tus npua thiab nqa kuv tawm ntawm lub tshav nyobhoom. Yam uas tau tshwm sim nws ntxhawb ntxhov heev.

Tomqab cov tub ceev xwm tham nrog kuv, lawv pom tau tias kuv lub cev qhuav dej heev thiab toob kam kev kho mob rau cov puas hlwb. Lawv muab kuv xa rau ib lub tsev puas hlwb nyob hauv Nashville rau lawv tshuaj xyuas kuv. Hnub uas kuv tau mus nyob hauv lub tsev puas hlwb, nws kuj yog kuv lub hnub yug thiab. Kuv tau muaj 23 xyoos.

Tomqab lawv tshuaj xyuas kuv tag, lawv tso kuv tawm thiab muab npav xa kuv rov qab mus rau Phoenix. Thaum txog tsev, kuv tsev neeg pom tau tias pab pawg ntseeg cuav tau haub ntxias kuv lub neej thiab kev xav tas nrho. Kuv txuas lus nrog lwm tus tsis tau li, ḍua ntawm, sib tham txog phau VajLug Kub thiab ntuj txiag teb tsaus. Kuv pheej tham qees rau luag tias lawv yuav mus ntuj txiag teb tsaus yog lawv tsis lees txim thiab koom nrog pab pawg ntseeg tseeb nyob rau Arkansas.

Tomqab ib hlis nrog kuv tsev neeg, thiab kuv noj tshuaj xiam hlwb, xyov ua cas kuv cia li caij npav rov qab mus nrhiav ib ceg ntawm pab pawg ntseeg qub. Tiamsis zaum no, kuv mus nrhiav ceg pawg ntseeg nyob ze nraum Hollywood, California, tsis yog pab ntseeg nyob Arkansas li xub thawj lawm. Kuv txaj muag rau pab pawg ntseeg nyob Arkansas vim lawv paub kuv lub neej thiab yav dhau los. Kuv thiaj txiav txim siab tias yuav zoo tshaj yog kuv mus nrog ceg pawg ntseeg nyob California.

Thaum nyob California nrog pab pawg ntseeg, kuv tseg tsis noj tshuaj xiam hlwb uas kws kho mob muab rau kuv, vim kuv tsis ntseeg tias kuv xiam hlwb. Thiab tsis tas li, cov loj uas saib California pab pawg ntseeg kuj txwv tsis pub leejtwg noj tshuaj.

Tomqab li ob lim tiam nyob California uas kuv tsis noj tshuaj lawm, kuv cia li pib pom tej yam txaus ntshai heev. Kuv hnov suab tham uas nrov heev, thiab kuv cia ua tej yam txawv txawv. Vim kuv ua ntau yam txawv heev, muaj ib hmos cov coj hais kom kuv sau tag nrho kuv cov khoom thiab hais tias, "Koj yuav mus qhia txoj moo zoo rau cov nyob dam kev." (street preaching).

Kuv nqa tag nrho kuv cov khoom thiab nkag lub tsheb yam zoo siab heev, vim kuv tau lub hwj tsam piav txog txoj moo zoo kom lwm tus koom peb pab pawg ntseeg lawm tiag. Tiamsis, cov thauj kuv mus, tsis yog tso kuv mus qhia txoj moo zoo. Lawv coj kuv mus rau ib lub lab noj mov thiab yuav ib lub nplev (sub sandwich) rau kuv noj.

Kuv khoov tobhau noj lub nplev ib kaug ces tos nco, cov tsav tsheb rau kuv cia li ploj tag. Kuv ntshai heev li. Kuv xav tias ntshe kuv tau ua txhaum, thuam Tus Vaj Ntsuj Plig lawm thiab tau rov plam kev cawmdim ntawm kuv tus kheej!

Kuv tawm mus nrhiav cov coj seb puas pom lawv, los nrhiav tsis pom lawv li. Cov suab txawm rov qab los hais rau kom kuv kaw kuv ob lub qhov muag. Cov suab hem kuv tias yog kuv tseem rua qhov muag thiab, ces kuv yuav mus ntuj txiag teb tsaus tamsis ntawv. Vim kuv ntshai heev, kuv thiaj mloog thiab ua txhua yam cov suab hais rau kuv.

Cov lus kuv tau sau no ntshe tsis txaus ntseeg rau koj, tiamsis koj yuav tsum nco qab tias lub sib hawm ntawv kuv tseem hluas thiab kuj hlub tshua Yexus heev tas siab tas ntsws. Kuv ntseeg tas siab nrho tias yeej yog VajTswv hais lus rau kuv hauv kuv lub hlwb kom kuv ua txhua yam nov. Kuv ntseeg tau tias Yexus tsuas yog sim kuv lub siab thiab sim kuv txoj kev ntseeg xwb.

Tsis ntev tomqab kuv tawm lub lab noj mov ntawv, cuag li npau suav kuv cia li pw tsaug zog nram qhov chaw tos npav. Tag kis sawv ntxov, kuv tib txhij nrog lub hnub sawv. Tag nrho kuv tej kev ntshai thooj txhij caij kuv dua. Kuv xav tias kuv tau plam kuv txoj kev cawmdim lawm tiag. Kuv yuav ua li cas? Kuv yuav mus qhov twg? Pab pawg ntseeg twb muab kuv ncaws tawm lawm. Tsis tas li, lawv thiaj yog

VajTswv lub tseem tseem tshawj xwb hauv qab ntuj khwb no. Kuv kev cia siab tag nrho.

Cov suab cia li hais cuag dej tshoob tias, "Tiamsis no, Tswv Yexus los txiav txim rau ntiaj teb lawm, rua muag saib sauv." Yog li, kuv saib pom lub hnub tawm ntawm cov huab. Tamsis ntawv, kuv cia pom li ua npau suav toog (hallucination). Hauv kuv txoj kev xav, kuv pom Tswv Yexus caij tus nees dawb rov qab los txiav txim rau ntiaj teb. Ces cov suab cia li hais tias, "Koj yuav tsum ua ntiaj teb pom tias koj tsis txaj muag qhov koj lees txais Yexus." Kuv hais rov qab rau cov suab tias, "Kuv yeej tsis muaj kev txaj muag vim kuv lees txais Yexus lawm. Kuv hlub tus Tswv heev." Cov suab hais ntxiv tias, "Yog li ntawv no, cia li hle koj cov khaub ncaws tag nrho, kom ntiaj teb paub tias koj tsis muaj kev txaj muag los ntawm Yexus lawm."

Vim li ntawv, kuv thiaj ua raws li cov suab tau hais. Ntawm ib ceg kaum kev hauv lub nroog Hollywood, California, xyoo 2003, tomqab kuv lees txais Tus Tswv ua kuv tus cawmseej tau 6 lub hli xwb, kuv cia hle tag nrho kuv cov khaub ncaws rau cov pej xeem ib thaj tsam ntawv pom thiab kuv taug ke liab qab. Zaum ntawv yog zaum kuv txaj muag tshaj hauv kuv lub neej.

Zoo li kuv liab qab li ib pliag ntshis xwb, ces lub tsheb thauj mob tuaj thauj kuv mus rau nram tsev kho mob. Lawv xav tias kuv siv yeeb los siv tshuaj. Tomqab kws kho mob nyob hauv Is-maws-nstees-xis (Emergency) tshuaj xyuas kuv tas, lawv xa kuv ncaj qha rau ib lub tsev puas hlwb.

Kuv sau txog tej kev txomnyem vim puas hlwb uas tshwm sim rau kuv no, kom nej sawvdaws paub thiab tsis txhob tag kev cia siab. Txawm yuav nyuaj npaum li cas los, yeej muaj txoj hau kev pab tau koj thiab tus koj hlub tshua.

Yav tas dhau los, kuv tau ua ntsaim ntug muag pom (hallucinations) qee yam txaus ntshai heev li. Qee zaum ntxim li kuv lub xov tooj cua thiab lub thisvis cia tham lus ncaj qha txuas lus nrog kuv. Muaj ib zaug, zoo li cov neeg nyob ze kuv lub tsev, lawv lub thisvis cia li nrog kuv lub hlwb sib xa xov tshab phab ntsa. Kuv tsis paub yuav piav li cas rau koj thiaj nkag siab, tiamsis tej yam kuv tau ua ntsaim ntug muag pom txaus ntshai heev.

Kuv ntxhov siab ntxhov plawv thoob ib ce uas kuv twb tsis xav coj kuv tus aub taug kev ua si nraum zoov li. Kuv yeej muaj kev ntshai txhua lub sib hawm. Muab hais los mas, kuv ntshai tawm hauv tsev tsam ho muaj kev phom sij rau kuv (agoraphobia). Txhua hnub kuv tsuas yog taug kev mus los mus los ntawm chav nyob hauv kuv niam lub tsev xwb.

Kuv tseem ntseeg tias tus thawj tswj hwm kav teb chaw Meskas (President of the United States) soj xyuas kuv thiab. Muaj ib tug dab tshwm sim los tham nrog kuv ntawm kuv ib sab. Tseeb tiag, kuv tau nrog neeg sib txuas lus tiamsis lawv (lub cev ntaj ntsug) tsis nyob ntawv. Kuj muaj ib cov neeg uas kuv xav tias yog tim tswv (angels) tshwm sim rau kuv pom thiab muaj qee yam txawv txawv yog kuv piav tej zaum qee leej yuav tsis ntseeg. Yog, yeej tsis ntxim yuav muaj hau kev cawm tau kuv thaum kuv twb muaj li neesnkaum tawm xyoo lawm.

Muaj ntau yam, yog yuav piav kom tag nrho txog tej yam kuv ua ntsaim muag pom. Thiab yuav ntev heev, yog kuv piav txog thaum kuv mus rau 6 lub tsev puas hlwb, thoob plaub lub xeev (xws li Tennessee, California, Arizona, thiab Oklahoma), tiamsis phau ntawv no tsis yog sau txog yam kuv ua ntsaim muag pom thiab txog tsev puas hlwb. Phau ntawv no yog sau los txhawb zog, txhawb nqa thiab muab chaw cia siab rau txhua tus.

Tsis txaus ntseeg li, thaum kuv puas hlwb thiab tomqab kuv zoo lawm, kuv ua hauj lwm hauv cov chaw pab neeg xiam hlwb. Kuv piav kuv cov lus tim khawv uas tawm tsam kev mob nkeeg ntawm txoj kev xav los pab coob leej uas xiam hlwb li kuv yav dhau los. Tsis tas li, kuv tau ua ib tug thawj tswj hwm rau ib lub tuam txhab pab neeg puas hlwb. Kuv kuj tau sau ntawv qhia rau ntau lub koos haum txog kuv cov lus pov thawj rau sawvdaws nyeem thiab kawm txog hauv lawv cov nroog. Muaj qee leej uas pab cov neeg puas hlwb thoob teb chaw Meskas tau nrog kuv tham, muaj ntau lus nug kuv, thiab muab kuv cov lus kaw los yog sau tseg thoob ntiaj teb.

Cas yuav zoo ua luaj qhov uas VajTswv tau coj kuv mus ua hauj lwm rau tib lub tuam txhab pab neeg puas hlwb uas kuv tau mus kuaj kuv tus kheej yav dhau los. Thaum xub thawj kuv tsuas ua ib nrab hnub xwb, thiab kuv txoj hauj lwm yog pab nram chaw teem sib tham. Tsis ntev, kuv txawm tau lub luag hauj lwm tswj cov rooj sib tham uas muaj txog plaubcaug tawm leej ua hauj lwm rau kuv. Ntawm plaubcaug tawm leej no, ib co yog cov pab tswv yim (counselors), hos lwm tus tseem kawm ntawv siab dua kuv thiab txawj dua tabsis kuv kuj tau tswj saib xyuas lawv tag nrho. Kuv txoj hauj lwm VajTswv muab rau kuv no zoo tshaj qhov kuv xav tau.

Hauv phau ntawv no, kuv tsis yog sau txog sab kuv tawm tsam kev tsim txom hauv txoj kev xav xwb, tabsis kuv kuj ntxiv cov xyoo kuv ua hauj lwm pab neeg puas hlwb thiab, ntxiv nrog cov xyoo kuv tau pab cov pawg ntseeg tib si. Vim kuv xav kom phau ntawv no pab txhua tus hauv lawv txoj kev zoo neej rov qab los.

Ob peb tshooj txuas ntxim no mus, kuv yuav sau txog cov ntsiab lus hauv qab no. Es VajTswv foom koob hmoov rau koj thiab cia Nws qhib koj lub siab kom nkag siab thiab txoj kev xav thaum koj nyeem ntxim mus mog.

## Cov Ntsiab Lus (Key Points)

- ✓ Kev xiam hlwb/puas hlwb yog dabtsi, thiab tshwm sim qhov twg los?
- ✓ Qee yam kuv ua dhau los uas yuav pab tau koj zoo rov qab los.
- ✓ Vim li cas kuv ntseeg tias koj muaj peev xwm pab tau koj tus kheej thiab lwm tus dim ntawm kev puas hlwb.
- ✓ Tawm tsam txhua yam cuav ua tshwm sim hauv koj lub hlwb.

2

## TSWV YEXUS YUAV UA LI CAS?

Lo lus puas hlwb yog ib lo uas coob leej siv piav txog cov neeg raug tsim txom vim lawv tsis meej pem. Cov lus Meskas uas tej zaum koj hnov dua los piav txog kev puas hlwb yog...

Bipolar disorder - tus neeg mob no tus cwj pwm tsis tus xws li, ib pliag zoo siab, ces chim siab, ces txawm tu siab, ces ho cia ntshai yam tsis muaj qab hau

- Clinical depression - tus neeg mob no tsis muaj kev cia siab hauv nws lub neej thiab ntawm nws tus kheej
- Paranoid schizophrenia - tus neeg mob no muaj txoj kev ntshai vim nws pom thiab hnov tej yam cuav uas lwm tus tsis hnov thiab pom
- Schizoaffective disorder - tus neeg mob no tau puas hlwb rau lub caij nyoog ntev heev lawm, nws tus yeeb yam thiab txoj kev xav thiaj li tsis tus

- Posttraumatic stress disorder (PTSD) - tus neeg no muaj mob hauv txoj kev xav vim nws tau raug mob thiab tsim txom yav dhau los
- Multiple personality disorder (MPD) - tus neeg mob no tsis feeb meej thiab nws tus kheej muaj ntau lub npe txawv, nws thiaj muaj ntau tus yam ntxwv txawv uas tsis sib xws
- Obsessive compulsive disorder (OCD) - tus neeg mob no tus yam ntxwv thiab kev xav tsuas ua qhov qub tas li xwb, vim nws txoj kev ntshai thiab txhawj
- General anxiety disorder (GAD) - tus neeg mob no nyob tsis tus vim txoj kev ntshai dhau

Kuv tus kheej, ntseeg tias feem ntau cov npe mob no tshwm sim los ntawm yam mob uas tus neeg muaj (symptoms). Xws li, yog kwv tshuaj pom tias ib tug neeg tus cwj pwm tsis tus. Ib pliag nws cia zoo siab, ces nws chim siab, ces nws txawm tu siab yam tsis muaj qab hau, tus kwv tshuaj yuav hais tias nws muaj tus mob bipolar (bipolar txhais tau tias thaum siab ces siab heev, thaum qis ces qis heev vim tus cwj pwm tsis tus li). Ho yog leejtwg tau mob schizophrenia, ces twb yog vim tus neeg mob ntawv pheej ua ntsaim ntug muag pom ub pom no thiab hnov ub hnov no.

Feem ntau cov kws kho mob hais tias muaj neeg puas hlwb vim lawv cov roj ntsha hauv lub hlwb tsis sib thoob (chemical imbalances in the brain). Yog li ntawv, kws kho mob thiaj pheej muab tshuaj vwm rau neeg puas hlwb kom pab lawv cov roj ntsha thiaj sib haum.

Ntau leej ua hauj lwm kho neeg mob yuav hais rau koj tias lawv tsuas paub pab tswj tus neeg mob xwb, lawv yuav kho tsis tau. Zoo tib yam li thaum lawv tshuaj xyuas kuv tus mob es hais rau kuv niam wb yav dhau los. Vim li no, muaj ntau tsev neeg thoob ntiaj teb tag kev cia siab vim coob leej tau hais rau lawv lawm tias yuav tsis muaj dabtsi kho tau tej kev mob nkeeg uas tshwm sim hauv yus txoj kev xav.

Muaj ib zaug thaum kuv piav txog kuv zaj zuag uas kuv zoo rov los tom ib qho chaw pab neeg puas hlwb. Muaj ib tug kws tshuaj pab cov neeg puas hlwb tsa nws sab tes. Ntxim li nws yuav nug kuv ib lo lus. Tiamsis, nws ntxim chim heev thiab ho hais rau txhua tus uas tuaj rau lub rooj sib tham ntawv tias yeej tsis muab dabtsi kho tau cov puas hlwb schizophrenia vim nws yog ib yam mob uas kho tsis tau. Tus kws tshuaj no ntxim nws xav kom kuv nrog nws sib ceg. Nws pheej hais tias cov kws kho mob tau tshuaj xyuas kuv yav dhau los yuav ke lawm xwb. Tos kuv zoo tau los, los yog vim kuv tus mob tsis yog schizophrenia. Yog li, kuv thiaj tib zoo hais kom nws nco txog cov ntawv cov kws tshuaj tau sau tseg txog kuv tus mob schizophrenia yav dhau los (cov ntawv tshuaj xyuas kuv ntau tshaj ib puas daim). Kuj muaj ntau tus kws tshuaj tshuaj xyuas kuv thiab lawv sawvdaws txhua tus hais tias kuv muaj schizophrenia. Tsis tas li, tshuav ib yam nws tsis paub - Tswv Yexus nrog nraim kuv ib sab. Tswv Yexus yog tus kho kuv thiab yog kuv tus

Cawm Seej. Yexus kho kuv tus mob puas hlwb thiab Nws kuj kho tau koj ib yam!

Yog li, kev puas hlwb tshwm sim qhov twg los? Kuv tsis yog kws kho mob los yog ib tug kawm paub txog yam tshuaj xyuas kev mob tshwm siv los ntawm txoj kev xav, yog li, kuv yuav tsis paub piav li cov kws kho mob piav, tiamsis kuv yuav piav raws li phau VajLug Kub tau sau tseg.

Tej zaum yam kuv yuav sau no yog yam uas koj tsis paub txog los sis yuav txaus ntshai, tiamsis vim kuv hlub tshua tibneeg sawv daws, kuv yuav piav txog qhov tseeb ntawm kuv. Txawm koj txais tos kuv txoj kev pab, los xyeej kuv cov lus, los nyob ntawm koj thiab VajTswv.

Ntawm kuv tus kheej kuv ntseeg tias, vim kev raug tsim txom thiab txoj kev lees txais ntau lo lus dag hauv kuv txoj kev xav, sab ntsuj plig tej chaw ruaj khov (spiritual stronghold) haub ntxias tau kuv tus ntsuj (xws li lub hlwb, rab peev xwm, thiab kev xav) thiaj ua rau kuv cov roj ntsha hauv lub nrog cev tsis sib thooj. Yog li ntawv, cov kws tshuaj thiaj tis kuv tus mob ua schizophrenia. Phau VajLug Kub sau txog sab ntsuj plig tej chaw ruaj khov (spiritual stronghold) thiab txoj kev kho yus txoj kev xav dua tshiab tseem ceeb npaum cas.

> *Rau qhov tej cuab yeej uas peb tawm tsam tsis yog neeg ntiajteb li tiamsis yog VajTswv lub hwjchim uas rhuav tau tej chaw ruaj khov. Peb rhuav tej lus dag uas tawm tsam peb thiab rhuav txhua lub ntsa loog siab uas thaiv tsis pub kom*

*paub VajTswv, thiab ntes txhua yam kev xav coj los mloog Khetos tej lus, thiab peb npaj txhij yuav rau txim rau txhua tus uas tsis mloog lus rau thaum nej mloog tej lus huvsi lawm. 2 Khaulee 10:4-6*

*Tsis txhob yoog raws li tej neeg tiam no ua. Nej yuav tsum txais kev hloov dua siab nej tej kev xav thiaj hloov dua tshiab. Mas nej yuav paub tias VajTswv lub siab nyiam li cas thiaj paub tias yam uas zoo thiab yam uas txaus nws siab thiab yam uas zoo kawg nkaus. Loos 12:2*

Tej zaum nov kuj yog thawj zaug koj hnov tias kev puas hlwb los ntawm sab ntsuj plig tej chaw ruaj khov (spiritual strongholds), tiamsis kuv ntseeg tau tias coob tus uas raug tsim txom li no yog tim sab ntsuj plig. Kuv paub li no vim tej yam uas tau tshwm sim rau kuv thiab kuv txoj hauj lwm uas pab neeg puas hlwb, nrog rau cov dej num kuv tau ua rau Tus Tswv.

Thov mloog kuv hais thiab tias txhua tus mob puas hlwb tsis yog tim sab ntsuj plig kheej xwb. Tib neeg lub cev muaj ntau yam sib cab sib chaws vim li ntawv peb kuj hais tsis tau tias txhua yam mob tshwm sim los ntawm ntsuj plig phem los yog dab ua.

Thaum schizophrenia tsim txom kuv, kuv niam mus tshawb nrhiav Internet thiab nyeem ntawv txog tus mob, vim kuv niam cia siab tias txhua yam no yuav pab tau kuv. Ntxim li txhua hmo kuv niam yeej tshawb internet thiab nyeem ntawv seb puas muaj dabtsi kho tau schizophrenia. Kuv niam yuam kuv noj ntses vim tias ntses pab kuv lub hlwb. Kuv tsis paub tias seb ntses paus yuav pab tau li kuv niam ntseeg, tiamsis kuv xav siv lub caij no los ua kuv niam tsaug uas nws tau pab txhawb kuv vim lub caij ntawv nws nyuab heev rau kuv. Ua tsaug os niam, uas koj txhawb kuv lub zog thiab sawv nraim ntawm kuv ib sab tau ntau xyoo. Kuv hlub thiab ua koj tsaug ntau ntau.

Cov xyoo tom ntej, kuv nrog coob leej tham txog kev puas hlwb. Feem ntau cov neeg ntseeg tau tias yog tim cov roj ntsha tsis sib npaug xwb. Cov neeg ntseeg VajTswv feem ntau los kuj ntseeg tias kev puas hlwb yog los ntawm roj ntsha tsis sib npaug xwb, tsis yog tim sab ntsuj plig.

Ib qho chaw ruaj khov (stronghold) yog ib qho chaw ib leej twg txoj kev xav yog cuav xwb tsis muaj tseeb. Thaum twg peb ntseeg cov lus dag ces cov chaw ruaj khov no haj yam ruaj ntseg tuaj xwb. Kuv ntseeg tias thaum nws khov heev tuaj, qhov chaw ruaj khov yuav coj tus neeg mus ua phem, ua rau nws nyuaj siab ntxhov plawv thiab ua nws puas hlwb tau.

Kuv xav tias qhov chaw ruaj khov yog ib qhov chaw nyob hauv tus ntsuj (xws li lub hlwb, rab peev xwm, thiab kev xav) uas ntsuj plig phem (dab) tsim thiab rhuav tag nrho tus neeg lub cev ntaj ntsug. Cov dab no dag thiab haub ntxias tus neeg nrog kev ntseeg cuav thiab lawv txoj kev xav. Vim li no, kuv thiaj ntseeg tau tias yog koj paub tus Tswv Yexus, uas yog tus Tseeb, neeg thiaj li yuav dim tau txoj kev tsim txom nov.

Hnub no, kuv muaj ib daim ntawv uas yog Daim Ntawv Rhuav Pov Thawj (Letter of Decertification). Ua ntej kws kho mob muab daim ntawv no rau kuv, kuv twb tau mus ntsib coob tus kws kho mob thiab tsev kho mob lawm. Daim ntawv no hais tias kuv tsis muaj mob puas hlwb ntxiv lawm.

*"Thiab nej yuav paub qhov tseeb, thiab qhov tseeb yuav tso nej nyob ywj pheej." -Yauhas 8:32*

Kuv tseem nco tau thaum kuv noj li 8 los rau 10 yam tshuaj puas hlwb txhua hnub thiab mus xaj tshuaj ntawm pob tw txhua ob lim tiam. Kuv txaj muag heev thaum tus nais maum txhaj kuv pob tw. Kuv ntxub heev thiab qee zaum kuv kuj quaj txog thiab.

Tiamsis ziag no, thaum kuv xav txog txhua yam kuv tau ua dhau los, kuv zoo siab tias nws yuav pab tau koj los yog tus neeg koj hlub uas puas hlwb. Ntseeg kuv mog, yeej muaj txoj hauv kev pab koj tawm thiab tshaj yeej.

Tej zaum koj kuj xav tias cov menyuam uas puas hlwb ne, lawv puas muaj chaw ruaj khov ib yam thiab. Ntawm kuv tus kheej kuv kuj xav tias menyuam zoo xws li cov laus uas lawv li ntsuj plig kuj raug tsim txom ib yam thiab. Tiamsis muaj tau li cas?

Kuv ntseeg tias muaj ntau yam uas tsim txom tau cov menyuam tus ntsuj plig, xws li teeb meem thaum nyob hauv plab, niam txiv los lwm tus tsis lees txais tus menyuam, muab tus menyuam ntau thiab tsim, niam txiv cov roj ntsha los rau tus menyuam, thiab ntau yam ntxiv. Tej zaum kuj muaj tshaj pua yam ntxiv los kuj tsis paub. Tabsis, kuv ntseeg tau tias yus yuav tsum saib sab kaj thiab qhov zoo xwb, tsis yog pheej tsom xav txog yam phem tas li. Muab koj lub siab npuab VajTswv cov Lus. Yeej muaj chaw vam rau cov menyuam uas raug txim txom. Phau VajLug Kub qhia sawv daws tias Yexus tsis yog kho neeg laus xwb, Nws yeej kho cov menyuam tib si.

> *Thaum lawv los txog ntawm cov neeg coob coob, muaj ib tug yawg los txhos caug ntua rau ntawm Yexus hais tias, "Tus Tswv, thov khuvleej kuv tus tub, vim tias nws qaug dab peg raug txom nyem heev. Nws pheej poob rau hauv qhov cub thiab poob dej. Kuv twb coj nws mus cuag koj cov thwjtim, tiamsis lawv kho tsis tau nws zoo." Yexus teb tias, "Au tiam neeg uas tsis muaj kev ntseeg tsuas muaj kev phem kev qias xwb, kuv yuav nrog nej nyob ntev li cas? Kuv yuav ua siab ntev thev nej mus txog thaum twg? Cia li coj tus tub ntawd los rau kuv ntawm no." Yexus txawm hais tawv rau tus dab ntawd ces dab txawm tawm plaws hauv tus tub ntawd lawm, tus tub thiaj zoo kiag tamsid.*
>
> *-Mathai 17:14-18*

*Tamsim ntawd muaj ib tug pojniam uas tus mentxhais raug dab qias, thaum nws hnov txog Yexus nws txawm tuaj pe khwb ti nkaus ntawm Yexus kotaw. Tus pojniam ntawd yog neeg Kili uas yug rau hauv lub xeev Xiliafinikia. Nws thov*

*Yexus ntiab dab tawm hauv nws tus ntxhais. Yexus hais rau nws tias, "Cia menyuam noj tsau tso, rau qhov tsis tsim nyog muab menyuam tej mov pov rau dev noj." Tiamsis tus pojniam ntawd teb nws tias, "Tus Tswv, tseeb tiag, tiamsis dev uas nyob hauv qab rooj yeej tau noj menyuam tej mov uas txeej." Yexus hais rau nws tias, "Vim koj cov lus no koj cia li rov mus lauj. Dab tawm hauv koj tus ntxhais lawm." Thaum tus pojniam ntawd rov mus txog tsev mas pom nws tus ntxhais pw saum txaj thiab dab twb tawm lawm.*

*-Malakau 7:25-30*

Niaj hnub niam no, muaj coob leej menyuam raug tsim txom nrog kev ntxhov siab, kev chim npau taws, kev ntshai thiab kev nyuaj siab. Raws li kuv xav, tos zoo li nov los yog vim qhov chaw ib puag ncig ntawm tus menyuam. Koj puas paub tias menyuam lub hlwb zoo li lub cav nqus tsev uas nqus txhua yam? Qee zaum kuj zoo rau tus menyuam, qee zaum kuj tsis zoo. Thaum twg cov menyuam poob rau yam phem, ces nws yuav pib saib nws tus kheej tsis muaj nqis, pib muaj kev ntxhov siab, muaj kev ntxeev siab, thiab kev ntshai. Tej yam nov yuav cuam tshuam rau nws lub hlwb yam yooj yim heev. Li luag hais os, "Muab khiab nyiab pov hauv, ces khiab nyiab tawm los xwb."

Tus menyuam yim raug mob thiab raug tsim txom los sis yog nws nyob yoog kev phem kev qia, ces yuav kawj teeb meem rau nws lub neej xwb. Nej ua niam ua txiv, yuav tsum saib xyuas tiv thaiv nej cov menyuam kom zoo mog. Tus Vaj Ntsuj Plig yeej pab tau koj, yog koj ua siab dawb paug nug Nws.

Yog koj ua niam ua txiv muaj ib tug menyuam muaj mob hauv txoj kev xav, tsis yog txhais hais tias koj yog ib leej niam los leej txiv phem. Muaj ntau yam ua rau ib tug neeg puas hlwb tau uas tsis yog tim ib leej twg li. Qee zaum yeej tsis muaj leej twg paub yog vim li cas tus menyuam yuav cia tshwm muaj tus mob zoo li ntawv hauv nws lub cev, nws lub hlwb los sis nws txoj kev xav. Tsis txhob xav tias yom tim koj tsis zoo, koj tus menyuam thiaj mob li no. Ntseeg VajTswv cov lus cog tseg tias yuav kho tau neeg kom tsis muaj mob nkeeg mog. Yexus hlub koj cov menyuam tshaj qhov koj paub thiab hlub tau!

Muab hais los, kuv pom tau tias cov uas tiav hluas thiab cov laus muaj mob hauv txoj kev xav vim tau raug kev quab yuam, kev raug tsim txom, kev siv dej caw thiab yeeb tshuaj, thiab ntau yam ntxiv. Cov tub rog feem ntau, lawv muaj Post Traumatic Stress Disorder (PTSD) vim lawv mus ua rog thiab tau pom tej yam txaus ntshai heev. Kev puas hlwb kuj tshwm sim tau vim tus txij tus nkawm raug tsim txom, tus ntsuj plig raug tsim txom, xwm txheej phem li tsheb sib nraus, raug mos, thiab ntau yam ntxiv.

Koj puas pom tias cov kev phem kuv nyuam qhuav sau los nov, lawv sib xws npaum cas rau cov kev txhaum uas tau sau tseg hauv phau VajLub Kub?

Muab ua piv txwv, yog muaj ib tug menyuam raug tsim txom ntawm nws tsev neeg. Thaum nov tshwm sim, ces tus menyuam tus ntsuj muaj chaw ruaj khov hauv nws tus plig (xws li lub hlwb, rab peev xwm, thiab kev xav) yuav kawj teeb meem tsim txom rau nws lub neej. Yam yuav haub ntxias dag tau nws muaj raws li ntawm no, twb yog tim koj, koj yog tus neeg tsis sawm zoo, tsis muaj tus hlub koj, tsis muaj tus nyiam koj, koj ntxub koj tus kheej, cia li txov koj txoj sia, thiab txuas ntxim mus.

Koj puas pom tias ib tug uas raug tsim txom li no nws yeej qhib lug txais tej kev ntxias dag thiab haub tau nws tej kev xav uas yuav ua tau ib qho chaw ruaj khov rau nws sab ntsuj plig thiab tshwm sim ua tus mob puas hlwb?

Kuv pom dua los lawm yeej muaj ib txhia lawv raug tsim txom thaum yau, tiamsis tus mob mam tshwm tomqab lawv tiav niam tiav txiv. Muab xav li no; ib lub noob cog muaj ib hnub yuav loj hlob ua ib tsob ntoo. Zoo xws ib yam li no, thaum kev phem tshwm sim zoo li ib lub noob phem tau muab cog hauv av, sib hawm dhau mus ces nws yuav loj hlob ua ib tsob ntoo phem (tsob ntoo no sawv cev tam tus mob hauv txoj kev xav, nruab plawv, los yog lub cev tomqab sib hawm dhau mus).

Nws yeej siv sij hawm ua ntej lub noob tawg kaus mus ua ib tsob ntoo loj loj, tiamsis txawm li cas los nws yeej yuav txawj loj tuaj. Qee yam noob tsis siv caij nyoog ntev thiab qee yam noob siv caij nyoog ntev zog. Qee yam noob kuj tuag ua ntej nws tau ua ib tsob ntoo. Muab yam paj lug no los piv txwv rau yam txhaum thiab yam tsis dawb huv kom koj thiaj nkag siab txog neeg lub neej raug dhuav los ntawm yam ua txhaum thiab tsis dawb huv. Lub noob ua kev txhaum thaum cog lawm yeej yuav loj me me, loj loj, los sis cia tuag los tau.

> *Thaum xeeb txojkev ntshaw lawm kuj yug tau txojkev txhaum los. Thaum txojkev txhaum hlob tiav lawm kuj yug tau txojkev tuag los.-Yakaumpau 1:15*
>
> *Yexus cov ntshav ntxuav tag nrho peb tej kev txhaum pov tseg kom cov noob phem ua neeg tau cog rau hauv peb lub neej thiab cov noob phem peb tau cog rau peb tus kheej tuag kom tas mus.*
>
> *Tiamsis yog peb taug txojkev kaj ib yam li nws nyob hauv txojkev kaj, peb thiaj muaj kev sib raug zoo ib leeg rau ib leeg; thiab nws leej Tub Yexus cov ntshav kuj ntxuav peb lub txim huvsi lawm.-1 Yauhas 1:7*

Li kuv tau sau dhau los, yog ib tug uas tiav niam tiav txiv es puas hlwb, qee zaus yog vim thaum nws tseem yau nws raug lwm tus tsim txom los yog lwm tus tau hais lus foom phem rau nws. Qhov yuav pab kom tau nws dim yuav toob kam lwm tus neeg nrog nws, los sis nws tus kheej kiag ntxuag nrog kev hlub, kev zam txim, thiab VajTswv txoj kev hlub, mus thov thiab nphau nws lub neej yav tas dhau los (xws li yam uas tau tsim txom nws los yog lus foom phem).

Sau txuas ntxiv kom koj nkag siab tob zog – ib tug tub rog tau pom nws cov phooj ywg tuag dam tshav rog. Vim li no, tej yam kev tsim txom nws li no yuav ua tau ib qho chaw ruaj khov hauv nws tus ntsuj. Tus tub rog no kov tsis yeej yam tshwm sim uas nws tau pom dam tshav rog thiab cov kev xav uas yog kev ntshai, kev ceeb, kev tu siab, thiab ntau yam ntxiv, uas nws yuav qaug zog rau tshwj tseg nws noj tshuaj xiam hlwb pab.

Xws li tus neeg muaj yees tshuaj, nws tua nws lub hlwb thiab lub cev thiab raug tsim txom los ntawm txoj kev dag uas ua ib qho chaw muaj yees ruaj khov. Yam ruaj khov no yuav haub ntxias dag nws mus rau txoj kev piam sij.

Xws li luag tus poj se uas raug nws tus txiv thuam thiab cem, nws yuav pib raug tsim txom, nyuaj siab ntxhov plawv, thiab muaj kev xav tias nws ntxub nws tus kheej, xav tua nws tus kheej, thiab muaj ntxim tshaj no.

Hos tus menyuam uas raug tsim txom thiab raug thuam nyob dam tsev kawm ntawv, nws yuav pib mloog nws txoj kev xav li ntxub nws tus kheej, tsis muaj ib leej twg lees paub nws, kev npau taws, thiab muaj ntxiv tshaj no. Vim kev raug tsim txom los ntawm lwm tus menyuam kawm ntawv ntxiv nrog kev xav phem, tej no qee zaus uas tau tus menyuam muaj tus mob puas hlwb los sis nws yeeb yam coj phem thiab.

Lub ntsiab ntawm cov lus piv txwv no yog sau kom koj tau taub tias muaj ntau yam mob nkeeg hauv txoj kev xav vim kev txhaum yav dhau los, vim kev txhaum rau tamsis nov, vim kev raug mob, vim txoj kev ua neej thiab txoj kev xav.

Ua li koj ne? Koj puas tau raug kev mob li tau sau tseg no thaum koj tseem yog menyuam yaus? Niaj hnub niam no koj lub neej zoo li cas? Koj puas muaj txoj kev xav uas yog cuav tsis muaj tseeb?

# 3

# KUV NYOB HAUV NTUJ TXIAG TEB TSAUS COV NPLAIM TAWS

Thaum kuv tseem ua hauj lwm nrog sab kho neeg cwj pwm (behavioral health field), kuv ntsib ib tug poj niam li ntawm 40 xyoo uas raug tsim txom los ntawm kev puas hlwb. Nws piav rau kuv tias nws muaj peb tug menyuam nyob nrog nws tus txiv uas tau nrauj lawm. Nws kuj hais ntxiv, tias thaum nws nrog nws tus qub txiv, nws tus txiv muab nws ntaus thiab cem txhua hnub. Nws hais qhia rau kuv tias nws lub neej thaum tseem hluas hnub nyoog 19 xyoos, nws pib siv xas (marijuana) dam cov chaw ua kev lom zem (parties). Ib ntus tom qab ntawv, nws ntsib nws tus txiv thiab muaj peb tug menyuam nrog nws ua ke.

Tom qab nyob ob peb xyoos uas raug ntaus thiab cem ntawm nws tus txiv, nws pib ua ntsaim ntug muag pom ub pom no ces cov kws kho mob thiaj txawm kuaj nws tus mob yog puas hlwb. Kuv kuj tsis paub seb nws tus mob puas hlwb hu li cas, tiamsis kuv ntseeg tau tias nws raug tsim txom los ntawv tus mob schizophrenia.

Tus poj niam no piav txog ib yam uas ua kuv xav tsis thoob; thaum nws zaum ua ib pab los yog hauv chav qhia ntawv, hauv qab nws daim tawv nqaij pheej mob heev. Nws hais tias txhua txhua zaus, nws daim tawv kub li mag hlawv.

Thaum kuv nug nws txog tus mob no, nws teb tias vim VajTswv tau xa nws mus ntuj txiag teb tsaus, txawm nws nyob hauv ntiaj teb no los nws tus ntsuj plig tseem nyob hauv ntuj txiag teb tsaus. Qhov mob uas los ntawm ntuj txiag teb tsaus cov nplaim taws nyob kiag hauv qab nws daim tawv nqaij, thiab mob npaum nkaus li hluav taws saum ntiaj teb no. Nws mob heev li. Nws kuj tas kev cia siab vim tsis muaj ib tug kws kho mob twg uas tshuaj tau nws tus mob, thiab muaj neeg thuam qees tias nws tsuas yog piav zaj zuag dag xwb.

Kuv saib nws ob lub qhov muag xwb, kuv paub tau tias nws tsis yog neeg dag. Nws yeej ntseeg tau tias yam tshwm sim rau nws yeej muaj ib puas feem pua tseeb tiag. Nws yeej mloog tau hauv nws lub cev. Yam nws tau piav tas los no tau tsim txom nws tau ntau xyoo los thiab nws nrhiav tsis tau ib txoj kev dim tus mob li. Vim li no nws thiaj tas kev cia siab uas txhua hnub nws tsuas xav txog txov nws txoj sia xwb. Nws nrhiav tsis muaj dabtsi yuav daws tau nws txoj kev raug tsim txom li.

Tej zaum koj tsis tau raug tsim txom li tus poj niam no, los sis tej zaum koj kuj tau ntsib dua li nws lawm thiab? Kuv xav qhia rau koj paub tias yeej tseem muaj txoj hau kev pab kom koj dim. Tsis txhob tag kev cia siab mog.

Muaj ib hnub, kuv nrog tus poj niam no tham ces cia tham poob rau kev ntseeg Yexus (Christianity). Kuv nug txog nws kev ntseeg. Nws teb tias nws kuj raug cawm lawm (xws li nws cob nws lub neej rau Tswv Yexus) thaum nws tseem yog ib tug menyuam ntxhais thiab nws txoj kev ntseeg tseem loj heev. Kuj muaj qee leej uas tau thov VajTswv rau nws thiab. Tiamsis ntuj txiag teb tsaus cov nplaim taws tseem nyob hauv qab nws cov tawv nqaij. Nws ntseeg hais tias Yexus yeej tsis hnov nws cov lus thov lawm, vim rau qhov nws yog neeg phem. Vim li no, nws thiaj plam nws txoj kev cawmdim lawm.

Kuv piav kom nws tau taub qhov tseeb tias nws yeej tsis tau plam txoj kev cawmdim vim VajTswv hlub nws heev thiab twb zam txim rau nws lawm. Kuv yeej khuv leej (compassion) thiab maj mam tib zoo coj nws kev mus rau qhov tseeb.

> *"Thiab ntawm Yexus Khetos uas yog tus timkhawv uas tso siab tau. Nws yog tus tub hlob uas xub ciaj sawv hauv qhov tuag rov los, thiab yog tus kav tej vajntxwv hauv ntiajteb.*
>
> *Thov kom tus uas hlub peb thiab muab nws cov ntshav tso peb dim peb lub txim," -Qhia Tshwm 1:5*

Tsis ntev tom qab wb sib tham tas xwb, kuv tsis pom nws dam lub tsev pab cov neeg puas hlwb ntawv lawm. Kuv cia siab tias muaj ib hnub twg VajTswv yeej yuav rub tau nws tawm ntawm txoj kev dag thiab kev uas tsim txom li nws tau piav rau kuv. Kuv tu siab heev tias tus poj niam no raug tsim txom li no. Kuv ntseeg tias muaj coob leej neeg thoob ntiaj teb uas raug tsim txom tib yam nkaus li tus poj niam no thiab. Kuv yeej thov VajTswv rau lawv.

Koj puas pom tau tias tus poj niam ntawv nws tus mob puas hlwb tshwm sim los ntawm sab ntsuj plig qhov chaw ruaj khov vim txoj kev dag? Thiab koj puas pom tias, thaum ub nws tau siv tshuaj ua kev lom zem thiab nws tus txiv muab nws tsim, tej no ua tau qhov chaw ruaj khov los mus lo rau nws lub hlwb thiab los hloov nws txoj kev xav? Puas yog tim nws tej kev txiav txim siab yuam kev dhau los thiab nws tus txiv txoj kev txhaum tsim nws, nws thiaj raug tsim txom li no?

Yam kuv tshawb fawb tau yog tias thaum yam kev xav dag los sis lus dag nkag tau rau tus neeg lub hlwb lawm ces yam dag ntawv tsim txom tus neeg thiab tsuas ntxiv kev dag ntxiv rau nws lub hlwb xwb. Qhov chaw ruaj khov no haub ntxias thiab tsim txom tus neeg nrog kev xav dag, cov lus dag, thiab ua ntsaim ntug muag.

Yog tias tug neeg mob ntawv pheej ntseeg tej kev xav dag thiab lus dag, ces muaj ib hnub nws yuav pib pom ub pom no uas tsis muaj neeg pom, hnov suab hauv nws lub hlwb, hnov zoo li muaj kab hauv nws lub cev, muaj kev ntshai txhua lub sib hawm, raug ntuj txiag tej tsaus cov nplaim taws kub, thiab muaj ntau yam ntxim. Kuv ntseeg tau tias yam nyuam qhuav sau tag los no yog los ntawm sab ntsuj qhov chaw ruaj khov uas cog tau rau tus neeg tus ntsuj.

Ua li koj ne? Koj puas ntseeg tias qee yam mob puas hlwb tshwm sim tau vim txoj kev xav dag los sis sab ntsuj qhov chaw ruaj khov thiab?

4

## YAM UAS TAU PAB KUV

Yog koj ntseeg tau tias koj tus mob tshwm sim vim qhov chaw ruaj khov. Koj yuav ua cas thiaj dim tau? Kuv yuav qhia tsis tau ncaj qha seb koj yuav tsum tau ua li cas vim kuv tsis paub koj keeb kwm, seb koj lub hlwb khiav li cas, seb koj txoj kev xav zoo li cas, koj txoj kev ntseeg, thiab txuas ntxim mus. Tsuas yog Vaj Leej Txiv ib leeg kheej xwb thiaj paub txhua yam txhua tsav txog koj. Vaj Leej Txiv yog tus puab thiab muab sia rau koj. Thiab qhov xov xwm zoo yog, koj tshwj xeeb heev rau Vaj Leej Txiv.

Hauv phau VajLug Kub koj yeej pom tias Yexus muaj ntau yam txuj uas siv kho neeg muaj mob. Tsis txhob muab tus Tswv saib qaij. Ntawm kuv tus kheej thaum kuv qhia lwm tus txog txoj moo zoo, kuv tau pom qee leej tus mob cia zoo tam siv, hos tej co siv sij hawm ib yam li kuv, ua ntej lawv tus mob zoo tu qab.

Kuv tsis tau taub yog vim li cas qee leej cia zoo tam sim ntawv hos ib co siv sib hawm ntev zog, tiamsis txawm yuav zoo li cas los, kuv txiav txim siab ntseeg VajTswv cov Lus xwb. Ib leeg zoo txawv ib leeg, thiab VajTswv kho txhua tus raws li Nws xav tau. Peb txoj hauj lwm tsuas yog ntseeg Nws cov Lus cog tseg mus txog thaum peb pom tias tus mob zoo hlo hauv peb lub neej lawm.

Kuv xav qhia qee yam rau koj seb kuv ua li cas thiab pab Tus Tswv wb txoj kev sib raug zoo kom loj thiab ruaj khov, seb txais Nws txoj kev hlub kom ntau li ntau tau li cas, thiab seb yuav taug li cas kom tus mob zoo tu qab. Thaum kuv yoog tus Tswv thiab muab kuv txoj sia cog khi rau Nws, kuv thiaj mam pib dim kuv tus mob zoo zuj zus.

## Mus Ua Tswv Yexus Ib Tug Thawj Tim

> *"Thiab Yexus hais rau lawv txhua tus tias, "Yog leejtwg xav raws kuv qab mus, cia tus ntawd tswj nws tus kheej thiab niaj hnub kwv nws tus khaublig ntoo raws kuv qab."*
> *-Luka 9:23*

Nov yog kuv thawj kauj ruam. Kuv yeej txiav txim hauv kuv nruab plawv tias kuv yuav ua Tswv Yexus ib tug thawj tim. Yexus tus thawj tim tsis yog ntseeg kev cai ntiav ntiav es lam teev ub teev no. Tiamsis Yexus cov thawj tim mob siab nrhiav kev raug zoo kom paub tus Tswv tob tshaj qhov qub. Kuv txiav txim nyeem Yexus cov lus, ntseeg Nws cov lus hais tseg, thiab ua neej raws li Nws tau hais. Yeej tsis yooj yim, tab sis kuv tau ua (thiab tseem ua) kuv qhov zoo tshaj plaws, muab Yexus tso ua ntej hauv kuv lub neej thiab tej xwm txheej.

Yog koj tsis tau yug dua tshiab los sis tus Tswv tsis tau cawm koj thiab koj xav pib muaj kev sib raug zoo nrog tus Tswv Yexus, ces koj thov raws li cov lus hauv qab no. Kuv ntseeg tau tias yog koj xav cog koj txoj sia rau Yexus tiag, thaum koj thov, cev Vaj Ntsuj Plig yeej yuav ntsib koj ntawv.

## Tus Qauv Thov VajTswv (Sample Prayer)

> *"Vaj Leej Txiv, kuv los rau Koj hnub no thiab lees rau Koj tias kuv yog ib tug neeg txhaum uas toob kam Koj pab cawm. Kuv thov kom Koj kov kuv lub plawv thiab hloov kuv. Kuv lees nrog kuv lub qhov ncauj tias Yexus yog Tswv thiab kuv ntseeg hauv kuv lub siab Vaj Leej Txiv tsa Tswv Yexus sawv los ntawm qhov tuag. Kuv nug kom Koj, Tswv Yexus, ntxuav kuv tej kev phem, kev qias, lub txim txhaum nrog Koj cov ntshav uas muaj nuj nqis thiab nchuav Koj tus Ntsuj Dawb Huv rau hauv kuv. Kuv txiav txim ua koj tus thawj tim hnub no. Kuv thov ntawm kuv nruab plawv rau Vaj Leej Txiv los ntawm Tswv Yexus neeg Naxale lub npe, Amen."*

Yog koj ntseeg tiag tiag tias koj tau txais kev cawm dim lawm, kuv pab koj zoo siab os!

Txhua hnub kuv yim tso kuv lub siab rau Yexus, kuv yim paub tob txog txoj kev thov rau Tus Tswv. Nov yog thawj cuab tam uas kuv kawm siv - yog kev thov VajTswv. Tomqab kuv tau nrog pab pawg ntseeg nyob Arkansas ua ke, kuv tsis ntshai mus tshawj lawm. Kuv thov thiab nug Yexus coj kuv mus nrhiav tau ib lub tshawj uas muaj Vaj Ntsuj Plig nyob ze ntawm kuv niam lub tsev.

Kuv kuj kawm tau kev teev hawm VajTswv thiab. Cov neeg mob puas hlwb yuav tsum nrhiav sibhawm pe hawm VajTswv, Vaj Ntsuj Plig thiaj li los kho tus neeg sab hauv tawm rau sab nrauv tau.

Kuv mus tshawj tsis tu ncua, lawv thiaj caw kuv mus koom nrog lawv thov VajTswv. Kev thov yog kuv txoj sia npuab VajTswv. Tsis muaj ib hnub dhau mus uas kuv tsis thov VajTswv li. Xub thawj, kuv tsuas thov tau ib nas this txhua hmo xwb vim cov suab hauv kuv lub hlwb tsim txom dhau. Tseeb tiag, kuv maj mam pib, ces ntev mus kuv thov tau li ib rau ob teev. Vim kev qhuab ntuas thaum thov VajTswv, kuv npuab ze zus nrog Yexus, ces muaj ib hnub Yexus txawm tshwm pab kuv loj heev - Nws cawm kuv dim (deliverance)!

## Paub Tias Koj Muaj Cai Tswj

Thaum kuv tseem mob puas hlwb, kuv niam tau hu thoob cov tshawj seb puas pab tau kuv. Feem ntau cov tshawj hais tias lawv tsis paub pab kuv thiab kom kuv mus rau cov tsev puas hlwb pab xwb. Kuv thov rau VajTswv kom cov tshawj muaj rab peev xwm pab cov neeg puas hlwb ntau tshaj nov.

Tomqab kuv pib nkag siab tias kuv muaj cai tswj sab ntsuj plig vim kuv yog ib tug ntseeg thiab paub tias kuv tawm tsam tau cov chaw ruaj khov no, kuv zoo siab heev.

Thawj zaug kuv tau txais txoj kev cawm dim ntawm cov chaw ruaj khov yog los ntawm ib phau ntawv ib tug poj niam muab rau kuv tom tshawj. Kuv kuj tshawb fawb hauv eev-thaws-nem (internet websites) thiab tham nrog cov ntseeg uas tau taub txog tej no.

Kuv ntseeg tsis tau li, thawj zaug hauv kuv lub neej kuv yuav tau cawm dim tiag tiag ntawm kev tsim txom. Kuv yuav dhuav tshem tau tej lus cog tseg nrog tej lus dag thiab ntiab tau dab tawm hauv kuv lub hlwb ntawm Tswv Yexus lub npe. Cas Yexus txoj kev nthuav tawm, kev tshwj swv, thiab kev cia siab zoo ua luaj!

Yog li, muaj ib hnub, kuv thov thiab taug kev ncig lub pas dej da nram kuv niam qab tsev. Kuv taug kev mus los, ncig mus ncig los, thov Yexus thiab nug kom Nws pab kuv ntiab cov suab hauv kuv lub hlwb tawm kom tas.

Ntxuag nrog kuv sab ntsuj cai tswj uas kuv muaj ntawv kuv pib dhuav tshem cov lus dag, ntiab cov suab, thiab cov dab tawm ntawm kuv mus ntawm Tswv Yexus lub npe. Tomqab kuv thov thiab ntiab dab tau ib teev, zoo li cov ntsuj cia li ya tawm ntawm kuv tobhau lawm. Cov dab ntawv tawm muaj ceem heev ua rau kuv vau poob hauv av. Kuv zoo siab heev! Kuv pw ib sab ntawm lub pas dej thiab kuv quaj ua VajTswv tsaug. Tomqab thawj zaug no xwb, kuv paub tias txoj kev ncaj ncees kuv taug no yeej yuav pab kuv dim tus mob xwb thiaj tag.

Kuv paub tias cov lus kuv tau sau los no tej zaum yuav tsis txaus ntseeg rau koj, tiamsis nws yeej tau tshwm sim rau kuv. Kuv piav qhia kuv lus pov thawj kom pab txhawb tau lwm tus thiab.

## Lees Txim / Hloov Kev Xav

Lwm yam cuab tam uas kuv siv nrog kev thov thiab tus ntseeg txoj cai tswj ntawm sab ntsuj plig, yog kev lees txim. Thaum ub, kuv tsis tau taub txog kev lees txim, tiamsis muab xav los, kuv kuj tau lees txim yav dhau los lawm thiab. Kev lees txim zoo li tshau cov khib nyiab tawm. Kuv ntseeg tias txhua tus yuav tsum tau tshau cov khib nyiab tawm kom tas ib yam.

Koj muaj khib nyiab zoo li cas hauv koj lub neej? Koj puas tseem ua neej nyob uas tawm tsam VajTswv tej lus? Puas muaj qee yam uas koj tseem ua uas yuav txiav tau koj txoj hauv kev dawb huv, koj txoj kev hlub, thiab VajTswv txoj kev hlub?

> *"Cov uas kuv hlub, kuv thov kom nej cov uas zoo li lwm haiv neeg tuaj ua qhua nyob hauv lub ntiajteb no tseg tej uas lub cev nqaij tawv ntshaw uas tawm tsam nej tus ntsuj plig." -1 Petus 2:11*

Yav dhau los kuv tsuas xav txog yam khib nyiab nyob hauv kuv lub neej thiab kev phem xwb. Vim li no, kuv thiaj rau txim rau kuv tus kheej vim kuv yog ib tug ntseeg VajTswv. Kuv yeej rau txim rau kuv tus kheej xob mawm li. Tomqab sibhawm dhau mus, kuv loj hlob rau sab ntsuj plig, kuv mam paub tias qhov zoo tshaj, tsis yog pheej xav txog tej khib nyiab tiamsis xav txog Tus Tswv uas nyob hauv koj. Yog koj tsuas xav txog yam phem xwb, koj yuav hla tsis dhau qhov koj pheej rau txim koj tus kheej.

*"Vim li no tsis muaj kev rau txim rau tus uas nyob hauv Yexus Khetos, Tus uas tsis mus raws cev nqaij daim tawv, tiamsis mus raws tus Ntsuj Plig." -Loos 8:1*

*"Cia li xib rau tej uas nyob saum ntuj, tsis txhob xib rau tej uas nyob hauv ntiajteb" -Khaulauxi 3:2*

Kuv ntseeg tias ib tug ntseeg Yexus yuav tsum tsom ntsoov tus Vaj Ntsuj Plig Dawb Huv uas nyob hauv nws, tus Ntsuj uas yog VajTswv txoj kev hlub. Thaum peb txawj taug kev nrog Vaj Ntsuj Plig, raws li phau VajLug Kub tau qhia, tag nrho tej khib nyiab uas nyob hauv peb lub neej yuav pib raug rhuav los ntawv Vaj Ntsuj Plig uas nyob hauv peb. Peb tej dej num tam Yexus ib tug thawj tim yog koom tes nrog Nws thiab tso tag nrho peb lub siab rau tus Tswv. Thaum peb paub peb tus kheej (identity), thiab paub VajTswv txoj kev ntshaw hauv peb lub neej, peb yuav pib hloov hauv peb lub nruab plawv tawm tuaj.

*"Kuv hais tias, cia li ua lub neej raws li Vaj Ntsuj Plig, tsis txhob ua raws li lub cev nqaij tawv ntshaw." -Kalatia 5:16*

*"Kev hlub tsis ua phem rau kwvtij zej zog kiag li, vim li no txojkev hlub thiaj ua rau txoj kevcai tiav puv npo." -Loos 13:10*

*"Vim li no nej cia li yoog li VajTswv vim nej yog cov menyuam uas nws hlub. Cia li ua lub neej sib hlub ib yam*

*li Khetos hlub peb thiab pub nws tus kheej this peb ua yam uas muab pub thiab muab xyeem tsw qab rau VajTswv." -Efexau 5:1-2*

Thaum peb taug kev sib raug zoo nrog Yexus peb txoj kev xav yuav hloov, peb yuav tautaub txog Yexus txoj kev hlub seb hlub li cas, thiab peb yuav txiav txim siab tsim kho peb lub neej. Kev lees txim txhais tau tias peb hloov peb txoj kev xav lawm. Thaum koj hloov koj txoj kev xav, koj tus cwj pwm yuav pib hloov thiab.

Yog koj txiav txim siab tsis ntseeg kev dag ntxias, koj yuav pib txais kev ywj pheej ntawm sab ntsuj plig ntau dua yav tag los. Hos yog koj pheej lees txais kev dag thiab mloog cov suab hauv koj lub hlwb, nrog rau qhov uas tsis hlub koj tus kheej thiab hlub lwm tus, ces kev tawm tsam cov chaw ruaj khov yuav nyuaj heev. Koj yuav zoo li phau VajLug Kub hais, ua neej raws cev nqaij daim tawv xwb.

*"Nqaij tawv li haujlwm pom tseeb li no, yog qhov uas ua nkauj ua nraug, ua phem ua qias, ua vuab tsuab, pe dab mlom, ua khawv koob, ua yeeb ncuab, sib cav sib ceg, sib khib, sib chim, sib txeeb, sib cam, tawg ua pab ua pawg, ntshaw luag tug, qaug dej qaug cawv, ua nqaj ua nqug thiab dua lwm yam zoo li no uas kuv twb ntuas nej ua ntej tias cov uas ua tej no yuav tsis muaj feem tau VajTswv lub tebchaws kiag li." -Kalatia 5:19-21*

Yog koj tsuas ua raws cev nqaij daim tawv xwb, ces nug tus Tswv pab koj hloov siab lees txim - kom hloov koj txoj kev xav. Li puag ta kuv hais, thaum koj ntseeg yam uas tseeb, koj yuav pauv vim Tus Vaj Ntsuj Plig. Kuv ntseeg tias thaum koj taug raws tus Ntsuj koj ua neej mus raws kev hlub.

Koj txoj kev hloov yeej yuav siv sib hawm. Ua siab ntev thiab muab kev zam txim rau koj tus kheej. Ua li paj lug hais - teb chaws Rome siv tshaj ib hnub mam tsim kho tau tiav.

Yog thaum ib leej twg mus raws cev nqaij daim tawv uas yog koj ib tug txheeb ze, los tsis txhob poob siab mog. Thov VajTswv thiab ntseeg Vaj Leej Txiv, Tus uas hlub koj, kom Nws tuav kom tau lawv lub siab. VajTswv tseem hlub cov uas koj txhawj xeeb txog tshaj koj lawm thiab.

Thaum kuv nyuam qhuav pib hloov kuv txoj kev xav, kuv nug Tus Tswv txog qee yam hauv kuv lub neej seb kuv yuav tsum muab dabtsi tso pom tseg. Kuv thov VajTswv thiab kawm Nws cov lus, tshawb nrhiav Nws txoj kev ntshaw rau neeg ntiaj teb. Kuv hloov kuv txoj kev xav txog kev sib deev ua txhaum, ua kom zoo li zoo tau es txhob nrog neeg sib ceg, tso tseg kev tsis kam zam txim rau lwm tus, thiab qee yam nyob ntawm kuv tus kheej. Tsis tas li, kuv txiav txim siab tsis tham nrog thiab tsis ntseeg cov suab hauv kuv lub hlwb ntxiv mus lawm.

Yeej tsis muaj dabtsi yuav zoo tshaj qhov koj hloov siab lees txim li kuv tau hais los no - thaum koj hloov koj txoj kev xav.

*Yexus txawm hais rau lawv tias, 'Nej xav hais tias cov Kalilais ntawd yog neeg muaj txim heev dua cov Kalilais sawvdaws rau qhov lawv raug li ntawd no lov? Kuv hais rau nej tias, tsis yog li ntawd. Yog nej tsis ntxeev dua siab tshiab nej txhua tus kuj yuav puam tsuaj ib yam li lawv.' -Luka 13:2-3*

Kuv ua VajTswv tsaug rau Nws txoj kev tshav ntuj uas pab tau kuv dim ntau yam. Yog lawm, niaj hnub niam no kuv yeej tseem ua lub neej lees txim tig kuv lub siab saib ntsoov Nws, thiab kuv yuav ua li no mus ib sim. Rau kuv, kev lees txim yog ib txoj hau kev taug nrog Tswv Yexus. VajTswv xav hloov peb, thiab Nws muaj peev xwm ua tau li ntawv thaum peb pom zoo thiab ua raws li Nws txoj lus.

*"Vim tias VajTswv tus Ntsuj Plig coj leejtwg tus ntawd thiaj yog VajTswv li menyuam." -Loos 8:14*

*"Tiamsis yog Vaj Ntsuj Plig coj nej, nej kuj tsis nyob hauv txoj qab kevcai." -Kalatia 5:18*

Ntawm kuv tus kheej kuv ntseeg tau tias nyob sab ib txhim koj yeej yuav tau hloov koj tus kheej xaws mawm. VajTswv xav ua Nws lub neej tshwm sim hauv koj kom tawm tuaj, vim li no kuv ntseeg tias yeej muaj kev hloov ntau yam, puas yog?

## Pe Hawm

Ua ib tug kws pe hawm pab kuv heev li. Kuv kawm pe hawm los ntawm kuv nruab plawv. Kuv yeej mus koom kev pe hawm VajTswv thiab ntau yam kev pabcuam hauv pawg ntseeg, kuv thiaj mus nyob tau ntawm VajTswv ib sab thiab txais kev kho mob nkeeg. Thaum koj pe hawm tus Tswv, Nws los rau koj, nrog rau Nws txoj kev zoo siab, kev kho mob, kev cawmdim, thiab kev ywj pheej tas nhro.

> *"Tus Tswv yog Vaj Ntsuj Plig; thiab tus Tswv tus Ntsuj Plig nyob qhovtwg; kev thaj yeeb nyob qhov ntawd."*
> *-2 Khaulee 3:17*

Ib yam ntse tshaj uas kuv tau ua los uas pab kuv pe hawm thiab kuv lub neej thov VajTswv yog yuav ib lub suab kaw nkauj (MP3 player) thiab kaw nkauj pe hawm uas muaj Vaj Ntsuj Plig puv npo. Yog koj tshawb tiag koj yeej nrhiav tau nkauj pe hawm hauv eev-thaws-nem (internet). Ces kuv muab kuv lub mloog pob ntseg (earphones) looj mloog nkauj pe hawm thiab phau VajLug Kub thaum kuv taug kev, ces kuv thov thiab pe hawm VajTswv.

Tsis muaj lus piav qhia tau seb qhov no pab tau kuv npaum cas. Qhov no yuav pab tau koj heev thiab. Cov nkauj kuv mloog pob ntseg pab muab cov suab hauv kuv lub hlwb tshoob tawm mus kom kuv thiaj tsom kuv tus Cawm Seej xwb. Tej zaum koj kuj sim li no thiab?

## Sib Ntaus Zoo Li Zoo Tau

Lub hauv paus kuv kawm tau los, xws li nyeem Txoj Lus, thov VajTswv, pe hawm, lees txim, tag nrho pab kuv kauj ruam nram ntej - kom sib ntaus li zoo tau. Kuv txiav txim hauv nruab siab tias txawm yuav ntev npaum cas los, kuv yuav ntiaj kom tau tag nrho txhua lo lus dag thiab chaw ruaj khov hauv kuv tus ntsuj tawm kom tag. Kuv txiav txim tias kuv yuav tsis tsum kom txog thaum kuv tshaj yeej.

Txhua hnub kuv looj kuv lub mloog pob ntseg, nyeem Txoj Lus, thov thiab pe hawm VajTswv, rhuav tshem tej lus cog tseg nrog tej yam lus dag thiab khoo kom nws tawm kom tag nrho hauv kuv lub hlwb los ntawm Tswv Yexus lub npe. Tomqab ib xyoo kuv dim plaws txoj kev tsim txom los ntawm schizophrenia.

Tej zaum koj yuav nug, “Ib xyoo? Nws ntev ua luaj!” Kuv lus tej mam yog, “Nws siv ib xyoo txwm nkaus rau kuv, tiamsis tej zaum yuav sib li ib hnub, ib lim tiam, ib hlis, los ntev zog rau koj. Nws tsis tseem ceeb seb yuav siv sib hawm ntev li cas vim koj txoj kev cawm dim yeej tsim nyog, puas yog?”

Yog koj txiav txim ua Yexus ib tug thawj tim thiab koj xav tshaj yeej qhov chaw ruaj khov, kuv ntseeg tias koj yuav tsis nyob hnub no es ho hloov siab tseg Yexus tagkis.

Koj puas yeem npuab Yexus thiab taug kauj ruam tom ntej ua ke? Ntawm kuv tus kheej, kuv yeem npuab ze VajTswv, Nws thiaj cawm kuv tawm ntawm kuv lub txhoj. Kuv dim lawm thiab kuv muaj daim ntawv ua pom thawj kwv tshuaj tau sau ua lus pov thawj tim khaw!

Kuv tus yeeb yam hauv kuv nruab plawv yog tias - kuv hais rau VajTswv tias yog kuv tsis zoo kuv tus mob puas hlwb schizophrenia los, kuv yeej tseem yuav raws Nws mus zoo li qhov uas kuv ua tau. Koj lub neej puas zoo raws li cov lus no thiab? Koj puas txiav txim tau tias koj yuav tseem raws Yexus txawm koj tus mob tsis zoo li?

Yog koj txiav txim tsis tau vim koj tsis muaj lub plawv yuav ua tau, ces nug Vaj Leej Txiv kom Nws pab coj koj hau kev kom koj ua tau. Yexus yeej ncaj ncees thiab xav teb koj cov lus thov uas ncaj ncees.

> *"Kuv twb hais rau koj lawm los tsis yog? Cia li ua khov kho thiab ua siab loj siab tuab, tsis txhob ntshai tsis txhob poob siab kiag li, rau qhov koj mus rau qhovtwg tus Tswv uas yog koj tus VajTswv yeej nrog nraim koj." -Yausua 1:9*

> *"Cia li thov mas yuav muab rau nej, cia li nrhiav nej thiaj ntsib, cia li khob mas yuav qheb rau nej. Rau qhov txhua tus uas thov kuj yuav tau, tus uas nrhiav kuj ntsib, thiab tus uas khob kuj qheb rau nws." -Mathai 7:7-8*

## Kev Cob Qhia

Yog koj muaj ib tug ntseeg tob cob qhia koj, nws yuav pab koj heev. Kuv pom tias tej kev xav thiab cov suab tsim txom tus neeg mob, cov dab no xav kom tus neeg mob ntawv nyob ib leeg kheej xwb. Lawv tsis xav kom tus neeg mob mus poo luv tsev ntseeg VajTswv tob, koom cov caij lawv thov VajTswv, kawm txog phau VajLug Kub, los sis koom nrog lwm cov ntseeg.

Tsis txhob mloog cov lus dag ntxias lawm. Ua qhov zoo li koj ua tau thaum koj sawv tawm lub txaj, taug kev tawm ntawm koj lub tsev, thiab yog koj xav mus, mus koom lub tsev ntseeg cov lus qhia los sis thaum lawv teem caij thov VajTswv.

Yog tseem nyuaj heev rau koj tawm ntawm koj lub tsev, tsis ua li cas mog, kuv pom zoo koj tshawb nrhiav mloog thiab saib this vis los sis eev-thaws-nem (internet) uas qhia txog VajTswv. Tib zoo nrhiav ib tug uas cob qhia txog VajTswv txoj kev hlub (grace), qhov tseeb, thiab Nws txoj kev hlub. Kuv pom tias feem ntau cov ntsuj plig chaw ruaj khov xav haub cov neeg uas muaj kev ntshai, kom lawv mloog lus qhia txog kev rau txim rau tus kheev (condemnation), kom ntseeg txoj kev ncaj ncees ntawm tus kheej (self-righteousness), txoj cai ncaj ncees (legalism), thiab ntuj txiag teb tsaus. Txoj kev ntshai ua tau rab riam phom tsim txom tau koj thiab.

> *"Twb yog vim cov menyuam muaj roj muaj ntshav li cas, nws thiaj muaj roj muaj ntshav ib yam li lawv, kom qhov uas nws tuag ntawd thiaj rhuav tau Ntxwg Nyoog, tus uas muaj hwjchim ua rau neeg tuag, thiab cawm tau txhua tus uas ntshai txojkev tuag es poob ua txojkev ntshai li qhev ib sim neej kom dim." -Henplais 2:14-15*

*"Tus uas tsis muaj kev hlub kuj tsis paub VajTswv vim VajTswv yog txojkev hlub." -1 Yauhas 4:8*

VajTswv tsis chim rau koj mog, thiab tseeb tiag Nws xav kom koj paub tiab Nws yog koj tus phooj ywg uas sib raug zoo heev. Tsis txhob cia li ntseeg li kuv hais, tiamsis ntseeg li VajTswv cov lus tau hais xwb. Yog koj ntseeg Yexus, ces koj yuav zoo li Aplahas. Koj yeej yog VajTswv ib tug phooj ywg raug zoo nrog VajTswv heev.

*"Thiab VajTswv txojlus kuj tiav raws li hais tias, 'Aplahas ntseeg VajTswv. VajTswv suav tias qhov uas Aplahas ntseeg ntawd yog txojkev ncaj ncees rau Aplahas,' thiab Aplahas tau lub npe hu ua VajTswv tus kwvluag" -Yakaumpau 2:23*

Muaj ib hnub thaum kuv mus nram lub tsev ntseeg, kuv ntsib ib tug kws ntseeg pab tswv yim (Christian counselor). Tus kws pab tswv yim pab kuv txog txoj kev cawmdim uas pab kuv dim kuv kev raug tsim txom. Kuv ua VajTswv tsaug uas Nws xa tus kws pab tswv yim pab kuv.

Qee zaum kuv txoj kev xav phem heev ces tus kws pab tswv yim ntawv pab tau kuv pom txoj hau kev tawm dim. Vim tswv yim thiab VajTswv txoj lug, kuv paub ntau txog qhov tseeb uas pab cawm kuv dim ntawm txoj kev dag. Yog tsis muaj tus muab tswv yim rau kuv ces kuv txoj hau kev cawvdim haj yam nyuaj tshaj no rau kuv.

Kuv ntseeg tias koj yuav tsum tau nrhiav ib tug kws ntseeg tob pab tswv yim uas paub koj txoj hau kev, pab thov nrog koj, thiab pab txhawb koj lub zog. Koj puas kam thov kom Yexus xa ib tug los pab koj? Kuv yeej tau thov los ntev ua ntej thawj tug kws pab tswv yim los pab kuv. VajTswv yeej yuav teb koj cov lus thov txhua zaus, tiamsis yuav tsis raws li peb caij nyoog. Ua siab ntev, VajTswv yeej yuav teb koj raws Nws lub zoo caij nyoog. Kuv ntseeg tias yog muaj ib tug pab tswv yim, nws yuav pab koj rub siab ntev thiab loj hlob ntawv sab ntsuj plig.

5

## TSIS TXHOB NYOO SWB

Kuv xav txhawb koj lub zog kom koj txhob txhawj yog koj noj tshuaj. Vaj Leej Txiv tsis chim rau koj yog koj noj tshuaj puas hlwb. Nws yeej tsis txhaum txim yog koj noj tshuaj kom pab tswj koj tus mob. Tsis muaj dabtsi hauv phau VajLug Kub uas sau siv tshuaj los sis txais kev pab ntawm kws kho mob yog kev txhaum.

Muab xav li no, yeej tsis txhaum yog koj muab ib daim ntawv nplaum koj qhov txhab, puas yog? Tib yam li koj muab ib daim ntawv nplaum koj qhov txhab, nov zoo xws li koj noj tshuaj pab koj tus mob.

Yog koj muaj kev xav los sis suab rau txim rau koj tus kheej vim koj noj tshuaj kws kho mob muab ces nws yog lub sib hawm koj rhuav tej kev dag ntawv. Tsis txhob ntseeg tej lus dag ntawv ntxim lawm, tiamsis hais rau tej kev xav dag ntawv kom lawv ntsiag thiab tawm los / tawm ntawm koj kev xav ntawm Yexus lub npe.

Cov suab tau hais rau kuv tias cov tshuaj uas thaum ub kuv noj dua los, phem thiab yog kuv noj, ces txhais tias kuv yog ib tug tsis muaj kev ntseeg txaus. Nws yog lus dag xwb, vim kev ntshai. Vim kuv tsis yog kws tshuaj, kuv hais tsis tau (thiab qhia tsis tau) rau koj txog cov tshuaj puas hlwb, tiamsis ib yam kuv hais tau yog kom koj noj tshuaj raws li kws kho mob tau hais qhia. Muaj ntau zaus, kuv tsis noj tshuaj tau li ob peb hnub los sis ob peb lim tiam ces nws txawm ua rau cov tshuaj hauv kuv lub hlwb tsis sib npaug lawm. Vim li no, ntxim li kuv txoj kev xav raug tsim txom ntau tshaj qhov qub. Thov nco ntsoov noj koj cov tshuaj raws li kws kho mob tau hais.

Tom qab kuv loj hlob ntawm kuv kev ntseeg thiab kuv txoj kev sib raug zoo nrog Yexus, kuv cia li pib zoo zuj zus tuaj. Kuv koom siab nrog kuv tsev neeg, nrog cov kws kho mob, thiab cov ntsuas hlwb pab kuv maj mam thaub tawm ntawm cov tshuaj. Yeej siv sib hawm, tiamsis ziag no kuv tsis noj tshuaj ntxiv lawm.

Thov paub tias koj yeej tsis yog ib tug neeg txhaum yog koj noj tshuaj thiab Vaj Leej Txiv tsis chim rau koj ib qho li. Nws tau taub txog yam tsim txom koj, thiab yog koj lub siab ntshaw tsis xav noj tshuaj lawm, ces nrog koj cov kws kho mob thiab cov txhawb koj tham. Koj yuav paub tau seb leej twg yog cov xav pab koj tiag.

Hos yog koj hom phiaj yog cia noj tshuaj twj ywm, los yeej tsis ua cas li. Koj yuav tsum paub tias Yexus hlub koj txawm koj noj thiab tsis noj tshuaj. Yeej tsis ua cas rau Yexus li. Yexus hlub koj vim koj yog Nws tus menyuam.

Lwm yam uas tau pab kuv tsis noj tshuaj lawm, yog thaum cov suab rov qab los hais rau kuv tias kuv yog neeg phem los sis kuv tsis muaj kev ntseeg vim kuv noj tshuaj, ces kuv thov VajTswv hauv kuv nruab siab. Kuv hais rau VajTswv tias kuv noj tshuaj pab kuv tswj kuv tus mob tiamsis tsuas yog VajTswv tib leeg xwb thiaj yog tus kho tau kuv.

Twv seb yog li cas? Nws cia li pab kuv dim txoj kev tsim txom. Cov suab uas rau txim thiab ua kuv xav tias kuv ua txhaum cia li tawm ntawm kuv mus tag nrho. Yog koj ntxhov siab vim koj muaj cov suab hais li no rau koj thiab, koj kuj sim li kuv hais no tau thiab. Tag nrho cov suab lawv tsuas yog dag, dag, thiab dag tsim txom kuv xwb.

Kuv zoo siab tias kuv tham txog kuv txoj kev noj tshuaj nrog koj, vim tej no tau tsim kuv tau ntev heev. Kuv vam thiab cia siab tias tej yam kuv tau sau los pab cov neeg uas raug tsim txom ib yam li kuv raug thiab. Hais ib zaug ntxiv, VajTswv txoj kev hlub rau koj yeej tsis hloov txawm koj noj tshuaj los tsis noj. Ntseeg thiab mog!

Ntxuag nrog kev hloov siab lees txim thiab kev kawm txog pe hawm thiab thov VajTswv, koj yeej pab tau koj tus kheej kom dim tau. Nws yooj yim heev. Kuv tsuas yog piav seb kuv tau ua li cas los lawm uas pab kuv dim tau. Tej zaum nws yuav pab tau koj thiab?

Nrhiav ib qho chaw ntsiag twb to li hauv chav pw los sis chaw nyob. Nce saum txaj los sis koj lub rooj los tog. Kaw koj ob lub qhov muag ces pib thov Tswv Yexus thiab tshaj tawm koj zaj lus hauv phau VajLug Kub thiab nug kom Nws ntxuav koj nrog Nws cov ntshav uas dawb huv. Nug kom tus Tswv los rau koj los ntawm Nws tus Ntsuj Plig thiab pab koj txais koj txoj kev ywj pheej. Ua Nws tsaug rau Nws txoj kev hlub thiab Nws txoj kev zam hlub tshua. Ua Nws tsaug rau Nws kev khuv leej (compassion) rau koj txoj sia thiab rau koj lub neej zoo yav tom ntej uas Nws tau ceev tseg rau koj. Ua VajTswv tsaug rau Nws txoj cai tswj los ntawm Tswv Yexus uas nyob hauv koj ntawm Vaj Ntsuj Plig.

Thaum koj npaj tau txhij, ces nqus ob peb pas thiab thov raws li nram qab no.

*Vaj Leej Txiv, kuv ua koj tsaug tias phau VajLug Kub hais tias kuv twb tawm ntawm txoj kev tsaus rau lub Vaj Loog Ci (Kingdom of Light) thiab tsis muaj ib yam cuab yeej uas tsim los tawm tsam yeej kuv. Kuv txiav txim thim thiab rhuav tshem cov lus cog tseg nrog txhua lo lus dag uas kuv tau ntseeg. Kuv kuj thim tag nrho txhua yam kev xav phem uas tsis mus raw li Koj cov lus tseeb. Qhov tseeb tiag, Koj twb zam txim rau kuv thiab kuv twb tau txais Vaj Ntsuj Plig rau hauv kuv thiab kuv yog VajTswv ib tug zoo menyuam. Ziag no kuv yuam tag nrho tej kev dag thiab tej kev xav uas tsis yog los ntawm VajTswv kom cia li tawm ntawm kuv tam sim no, ntawm Tswv Yexus lub npe. Kuv ua Koj tsaug VajTswv rau Koj lub hwjchim kuv muaj ntawm Koj mus ntiab cov dab no tawm. Ntawm Tswv Yexus neeg Naxale lub npe, kuv hais rau sab ntsuj plig txhua qhov chaw ruaj khov, kuv rhuav tag nrho cov lus cog tseg nrog koj thiab kuv ntiab kom tag nrho koj tawm ntawm kuv ziag no. Ntawm Yexus Khetos lub npe, tawm kom tas los ziag no!*

Koj hais raws li cov qauv lus thov no mus txog thaum koj hnov koj kev xav thiab ib ce xoob. Muab koj sab tes npuab ntawm koj thiab yuam txhua yam uas tsis yog los ntawm VajTswv tawm kom tas ntawm Yexus lub npe. Koj muaj tag nrho txoj cai tswj los ntawm koj txoj kev ntseeg thiab cia siab rau Yexus.

> *"Saib ma, kuv pub hwjchim rau nej tsuj tau nab thiab raub ris teb thiab muaj hwjchim loj dua tus yeeb ncuab li hwjchim huvsi, tsis muaj ib yam dabtsi yuav ua phem rau nej. Tiamsis tsis txhob zoo siab rau qhov uas tej dab nyob hauv nej qab kev tswjhwm. Cia li zoo siab rau qhov uas nej lub npe sau cia rau hauv ntuj ceeb tsheej lawm."*
>
> *-Luka 10:19-20*

Cov xyoo kuv ua hauj lwm qhuab qhia (ministry), kuv tau pom tias dab muaj ntau txoj kev tawm ntawm neeg lub cev. Qee zaus tej co neeg kuj tsis ua dabtsi tshwm sim, lawv kuj hais tias lawv hnov ib ce xoob tomqab kuv thov rau lawv. Qee zaum tej tug kuj hnoos, rua lo, los sis xav ntuav thaum kuv thov rau lawv. Kuv paub tej zaum yuav txawv los sis ntxim vwm rau tej co, tiamsis kuv tau pom tej no dua los lawm.

Yog, nws yeej siv sib hawm hov ntev thiab kev rub siab ntev ua ntej kuv pib paub tias kuv zoo zuj zus tiamsis yeej tsis uas li cas. Kuv twb zoo siab heev uas kuv nrhiav tau txoj hau kev dim ntawm cov suab thiab kev tsim txom. Yog koj mloog tau tias tsis muaj dabtsi hloov rau koj thaum koj nyuam qhuav pib, los tsis uas cas, tsis txhob siab me. Kav tsij taug kev twj ywm nrog Yexus.

Thov raws li tau sau los (yam thov no yog hu ua thov kom koj raug cawmdim (self-deliverance)) thaum koj nyob ib leeg nrog tus Tswv. Nco ntsoov tias koj lub hom phiaj tseeb tiag yog muaj kev raug zoo nrog Yexus thiab tsis yog tias txhua zaus koj thov kom koj raug cawm dim xwb.

Kuv pom zoo tias koj tsuas thov kom koj raug cawmdim thaum Vaj Ntsuj Plig coj koj ua xwb. Koj lub hom phiaj yuav tsum yog muaj kev raug zoo nrog VajTswv tsis yog txog sab ntsuj plig cov chaw ruaj khov. Tsom VajTswv, Nws mam li kho txhua yam kom sib luag rau koj.

Qee yam kuv pom tau tias pab heev yog ua lub siab muag rau Yexus, thiab tsis txhob txuas lus nrog tej suab hauv lub hlwb.

Kuv ntseeg tias yog koj npuab rawv Yexus thiab hloov koj txoj kev xav nrog Nws cov lus, ces cov chaw ruaj khov yeej yuav raug dhuav tawm ntawm koj mus. Nco ntsoov tias thaum koj nrog Yexus ua ke nws tsis yog ib pliag ntshis xwb tiamsis yog mus tas tiam neej. Muab kev hlub, kev zam txim thiab kev hlub tshua kom ntau li ntau tau rau koj thaum koj raws Yexus. Thiab tsis txhob muab koj tus kheej rau txim kom koj zoo tag nrho ntawm cev nqaij daim tawv. Tiamsis, tso siab rau Vaj Ntsuj Plig uas nyob hauv koj mus hloov koj los ntawm lub hwjchim ci ntsa iab. Kawm VajTswv txoj kev, yam Nws nyiam, thiab yam Nws tsis nyiam. Txo koj lub hwjchim thiab zam txim rau txhua tus zoo li zoo tau thiab hlub cov neeg nyob koom zos li koj hlub koj tus kheej.

*"Peb sawvdaws tsis muaj daim ntaub kauv lub ntsej muag lawm mas peb zoo li daim iav uas tsom tus Tswv lub hwjchim ci ntsa iab, peb kuj hloov kom zoo li nws tus yam ntxwv thiab muaj koob meej zuj zus mus, yog lub koob meej uas los ntawm tus Tswv uas yog Vaj Ntsuj Plig los."*
*-2 Khualee 3:18*

*"Tsis txhob tshuav leejtwg li nuj nqes dabtsi li, tsuas yog tshuav nqe sib hlub, rau qhov tus uas hlub lwm tus kuj ua raws nraim li txoj kevcai huvsi lawm." -Loos 13:8*

Thov nco tias ib tug ntseeg Khetos uas tseem tawm tsam tus mob puas hlwb tsis yog ib tug neeg phem, yuam ke, los sis mus tsis tau ntuj ceeb tsheej. Lawv yeej zoo li lwm leej lwm tus uas ntseeg ib yam. Nws yog li no vim tias sawv daws yeej raug cawmdim (thiab yuav dim mus li) los ntawm VajTswv txoj kev hlub tsis yog los ntawm peb tus kheej lub zog. VajTswv ncaj ncees hlub tshua uas yuav tsis tso koj pom tseg los sis hnov qab koj li.

*"Mas txawm yog peb twb tuag lawm vim qhov uas fav xeeb ua txhaum, los VajTswv tseem pub peb nrog Khetos muaj txojsia nyob. (Nej tau txais txojkev dim ntawm VajTswv txojkev hlub.)" -Efexau 2:5*

*"Thiab kuv pub txojsia ib txhis rau lawv. Tsis muaj ib hnub uas lawv yuav puam tsuaj, thiab tsis muaj leejtwg yuav txeeb*

*tau lawv hauv kuv txhais tes mus. Kuv leej Txiv uas pub lawv rau kuv loj dua txhua yam, tsis muaj leejtwg yuav txeeb tau lawv ntawm leej Txiv txhais tes mus. Kuv thiab leej Txiv yog ib tug xwb." -Yauhas 10:28-30*

Yav tag los kuv tau txhawj tias kuv tau plam kuv txoj kev cawmdim lawm vim kuv hnov suab thiab lus dag ntxias. Yog tias koj zoo xws li kuv thiab, thov tsis txhob txhawj mog. Yog Yexus yog koj tus Cawm Seej ces koj yeej nyob hauv Nws xib teg. VajTswv yog ib tug ua siab ntev thiab siab loj thiab siab dav, Nws yog ib leej zoo Vaj Leej Txiv. Koj yuav tsis tas txhawj ntxiv lawm.

Yog koj ntseeg tej lus dag tias koj tau plam koj txoj kev cawmdim lawm, paub tias tsis yog koj ib leeg xwb uas xav li no thiab. Tej kev xav no tau dag coob leej coob tus ntseeg Khetos kom poob rau qhov phem. Tso tseg yam kev dag ntawv thiab tsoo mus kom tiag. Koj txoj kev cawmdim yog ib txhiab ib txhis. Ua siab loj tias Vaj Ntsuj Plig yuav nrog nraim koj mus ib txhiab ib txhis.

*"VajTswv yog tus uas npaj peb cia kom muaj lub chaw nyob tshiab. Thiab nws pub Vaj Ntsuj Plig ua puav pheej rau peb." -2 Khaulee 5:5*

*"Nej tsis txhob xam pom nyiaj txiag xwb, cia li txaus siab rau tej uas nej muaj vim VajTswv hais tias, 'Kuv yuav tsis ncaim koj thiab yuav tsis tso koj tseg kiag li.' "*
*-Henplais 13:5*

6

## TAWM TSAM TXOJ KEV DAG

Kuv ntseeg tias ib yam tseem ceeb uas nyuaj heev rau cov neeg puas hlwb es siv sib hawm ntev zog ua ntej lawv dim yog vim lawv txoj kev xav yoog tau cov lus dag ntev dhau lawm.

Ntawm kuv tus kheej, kuv pom tau tias qee yam dag los sis kev xav phem siv sib hawm ib nyuag ntev zog. Xws li, thaum kuv kev xav yog kev luag tsis lees paub kuv (rejection). Kuv ntseeg tias txhua tus ntxub kuv. Nws nyuaj heev rau kuv tawm tsam vim txoj kev ntseeg yoog raws kuv txoj kev xav phem. Kuv sib ntsuas zog nrog cov chaw ruaj khov ntawv ntev heev. Nws cuam tshuam nrog kuv txoj hauj lwm, tsev neeg, thiab kev sib raug zoo ntawm tus kheej. Tiamsis nrog tus Tswv kev pab, kuv tau txais ntau yam kev pom uas zoo los pab neeg tawm tsam txoj kev ntxub thiab tsis lees paub.

Txoj xov zoo yog, tamsis nov, yog kuv muaj qee yam phem hauv kuv lub neej, kuv paub kuv yeej yuav tshaj yeej, li phau VajLug Kub tau cog tseg. Thaum kuv tau txais txoj kev tshwm sim (revelation) los ntawm VajTswv cov lus no, txawm zoo thiab phem los, txoj hau kev kuv taug txawm pib yooj yim tuaj.

> *"Tsis tag li ntawd xwb, peb kuj khav txog qhov uas peb raug txom nyem vim peb paub tias kev txom nyem ua kom muaj siab ntev thev taus, thiab qhov uas muaj siab ntev thev taus yog muab peb sim ua tau zoo siv lawm, thiab qhov uas raug muab sim ntawd ua kom muaj siab vam." -Loos 5:3-4*

> *"Peb paub tias txhua yam xwm txheej puavleej ua qhov zoo rau cov uas hlub VajTswv yog cov uas VajTswv hu raws li nws xav tseg lawd." -Loos 8:28*

Ib yam kuv tau ua uas pab kuv los lawm yog sau rau daim ntawv txhua yam kev dag uas kuv tau ntseeg txog kuv tus kheej, kuv tus mob, txog lwm tus, thiab txog VajTswv. Xws li, kuv tau sau rau hauv daim ntawv tias "kuv yuav mus ntuj txiag teb tsaus" los sis "kuv dab tuag heev" los yog "tsis muaj hnub kuv yuav muaj txij nkawm." Kuv muab tag nrho cov lus dag no sau rau daim ntawv. Tom qab kuv sau tag, kuv tshawb phau VajLug Kub thiab nrhiav tau tag nrho cov lus uas yuav tawm tsam tej lus dag no. VajTswv txoj lus yog ib rab ntaj ntse uas tshaj yeej lus haub ntxias dag.

> *"Rau qhov VajTswv txojlus muaj txojsia thiab pheej ua haujlwm. Txojlus ntawd ntse dua rab ntaj uas ob sab ntse, nkaug mus thoob plaws nruab siab thiab tus ntsuj plig, thiab*

*tej pob qej txha thiab tej hlwb txha, thiab txawj tshuaj saib tej uas neeg xav thiab tej uas nyob hauv neeg lub siab."*
*-Henplais 4:12*

Tom qab nrhiav tau ob peb zaj lus txog cov lus dag ntawv, kuv muab cov lus dag nphau pov tseg thiab hais cov lus tseeb kuv nrhiav tau hauv phau VajLug Kub. Kuv ua li no txhua hnub mus txog thaum tag nrho cov lus dag ntawv puas tsuaj tag. Kuv ntseeg tias yam kuv ua no yog ib yam cuab tam tseem ceeb uas rhuav tau chaw ruaj khov; rau siab ntso tsuav nrog cov lus tseeb kom cov lus dag ntais ua hmoov kiag.

Rau qee leej neeg, nws yuav siv sib hawm ntev dua lwm tus mus kov yeej tej yam dag vim tias tej yam dag tau cog rau hauv lawv puag thaum lawv tseem yog menyuam yaus. Xws li, ib tug neeg uas tau ntseeg yam dag lawv niam hais rau lawv thaum lawv muaj tsib xyoos. Cov lus dag ntawv tau cog nyob hauv lawv txoj kev xav muaj tshaj tsibcaug tawm xyoo lawm. Koj puas pom tau tias tus neeg zoo li no yuav siv sib hawm ntev dua vim tias yam dag li no nyob hauv nws puag thaum nws tseem me lawm? VajTswv ncaj ncees heev uas yuav pab tau koj tsis hais txog seb yam dag no twb nyob hauv koj ntev li cas lawm.

Raws li kuv xav mas, cov chaw ruaj khov sab ntsuj plig xub pib hauv txoj kev xav uas pov rau lub hlwb ris zoo li xib xub tua mus rau lub hlwb. Yog ib rab xub (kev dag) tua raug tus neeg lub hlwb thiab nws tau txais yam dag no uas qhov tseeb, ces muaj xub ntxim (kev dag) tua ntxim tuaj thiab. Yog lawv lees txais yam dag no, ces tsuas yuav muaj xub tua ntxim tuaj xwb. Tsis ntev ces ib qho chaw ruaj khov yuav tsim muaj.

Yam li tus yawmsij uas kuv paub tias yuav pab, yog paub thaum koj txoj kev xav yog dag los sis phem. Tomqab koj paub tias yog dag lawm, tuav nws, nphau nws, thiab muaj nws ncaws tawm mus ntawm Yexus lub npe. Ua zoo li qhov koj ua tau mus ntes yam dag ntawv thaum koj nyuam qhuav pib xav txog xwb. Yog koj ntes tsis tau uas ntej nws cog tau hauv koj lub hlwb, nws yuav mus ua ib yam kev xav phem. Ces tomqab yam xav phem tshwm sim, nws txia mus ua tej yam rau koj cev nqaij daim tawv uas koj yuav tsis xav tau.

Ib yam ua piv txwv; koj muaj kev xav tias ib tug uas nrog koj ua hauj lwm tsis nyiam koj. Koj muab yam no los xav thiab koj cia pib xav tias lawv tsis lees paub koj ces koj cia pib ntxub lawv. Koj twb tso yam kev xav phem tshwm sim hauv koj nrog cev, ces koj ho nthe tus nrog koj ua hauj lwm. Ces lawv muab koj rho tawm hauj lwm thiab.

Koj puas pom tau tias thaum ib tug ntseeg tej kev dag yuav ua tau rau tus neeg ntawv coj tus yam ntxwv phem? Vim li ntawv kev hloov siab lees txim (hloov kev xav) tseem ceeb heev.

Ua zoo li koj ua tau es koom tes nrog tus Vaj Ntsuj Plig kom koj paub ntes kev xav dag thiab tsis txhob txais tej kev xav phem. VajTswv cov lus yuav pab koj phua seb qhov twg yog tseeb thiab qhov twg yog cuav.

*"Txawm yog peb ua lub neej nyob hauv ntiajteb los peb tsis tawm tsam raws li neeg ntiajteb. Rau qhov tej cuab yeej uas peb tawm tsam tsis yog neeg ntiajteb li tiamsis yog VajTswv lub hwjchim uas rhuav tau tej chaw ruaj khov. Peb rhuav tej lus dag uas tawm tsam peb thiab rhuav txhua lub ntsa Lug siab uas thaiv tsis pub kom paub VajTswv, thiab ntes txhua yam kev xav coj los mloog Khetos tej lus, thiab peb npaj txhij yuav rau txim rau txhua tus uas tsis mloog lus rau thaum nej mloog tej lus huvsi lawm." -2 Khaulee 10:3-6*

Kuv xav kom koj tshaj yeej tawm tsam cov chaw ruaj khov nrog qhov tseeb, kawm kom koj paub ntes cov xub, thiab tsis txhob lees txais yam uas dag rau koj tus ntsuj lawm. Nws yeej yuav siv sib hawm ua ntej koj tsheej haj tiamsis thaum koj paub tawm tsam lawm txoj hau kev yuav zoo heev rau koj. Kuv ntseeg tias koj yuav kawm tau ntau yam uas yuav pab koj los pab neeg tshaj yeej thiab. Kuv ntseeg tiag tiag tias koj yog VajTswv ib tug tsom kwm zoo phooj ywg.

*"Tus Tswv hais tias, "Kuv paub tej uas kuv npaj tseg rau nej, yog tej uas yuav ua rau nej tau zoo tsis yog ua rau nej tau qhov phem, yuav pub kom nej muaj lub neej tom hauv ntej thiab muaj siab vam." -Yelemi 29:11*

7

# LUS XAUS

Koj tsis yog tus yam mob uas kws kho mob tshuaj hu koj. Koj yog VajTswv ib tug menyuam ntxim hlub uas Nws twb tau cawmdim tshaj ob phav xyoo dhau los lawm. Kuv ntseeg tiag tiag tias kev mob puas hlwb tsis yog ib yam uas kho tsis tau li neeg cav. Kuv yog ib tug piv txwv tim khawv rau sawv daws tias koj yeej dim tau koj tus mob thiab zoo tau tu qab. Txhob xav tias koj lub neej tsis muaj kev cia siab, thiab paub tias koj muaj nuj nqis heev rau VajTswv. Thov nco ntsoov rau siab ntso taug kev nrog Yexus. Tsis txhob nyoo swb vim VajTswv muab lub neej zoo ua rau koj thiab koj tsev neeg. VajTswv foom koob hmoov rau koj!

## Kuv Cov Lus Thov Rau Koj

*"Vaj Leej Txiv, kuv thov rau tus uas nyeem phau ntawv no, kuv thov kom lawv tau txais txoj kev nthuav nkag siab kom lawv pom tau tias lawv yeej yuav dim tau tus mob puas*

*hlwb. Kuv yog tus uas Koj tau cawmdim ntawm tus mob puas hlwb schizophrenia los ntawm kev ntseeg Koj, kuv nug kom rab peev xwm Koj muab rau kuv, koj muab rau lawv, txoj kev ntseeg Koj muab rau kuv, Koj muab rau lawv, thiab lub zog uas Koj tau muab rau kuv, Koj muab rau lawv thiab. Kuv thov kom tus Vaj Ntsuj Plig roos lawv thaum lawv txiav txim los uas Yexus ib tug thawjtim, mus raws txoj kev hloov siab lees txim, loj hlob ntawm lawv lub neej thov, kev pe hawm Yexus, kom ua raws Koj txoj kev ntseeg thiab kev hlub, thiab dhuav lus dag cog tseg kom tag ntawm Yexus lub npe. Pab tus neeg no kom nws tsis txhob nyoo swb, tiamsis raws Koj tas siab nrho. Kuv nug kom Koj pab nrhiav ib tug uas ntseèg tob ua lawv tus cob qhia, ib tug uas yuav pab lawv ntu no hauv lawv lub neej. Tshaj no, kuv thov kom lawv muaj kev sib raug zoo nrog tus Vaj Ntsuj Plig. Thov qhia rau lawv txhua hnub tias lawv tsis yog nyob twm zeej, tiamsis Koj yog tus roos lawv, tus uas tiv thaiv, lawv qhov chaw nkaum, Koj yog tus kho thiab cawm lawv dim. Ua tsaug uas Koj hlub tshua cov mob puas hlwb, Tswv Yexus, amen."*

## Ib Co VajLug Kub Pab Koj

*"Txojkev hlub yog li no, tsis yog peb hlub VajTswv tiamsis VajTswv hlub peb thiab txib nws tus Tub los ua yam uas xyeem ntxuav peb lub txim." -1 Yauhas 4:10*

*"Kuv mas kuv yog tus uas rhuav koj tej kev fav xeeb vim yog saib rau kuv, thiab kuv yuav tsis cim ntsoov koj lub txim cia." -Yaxaya 43:25*

*"Thaum ntawd txhua tus uas thov hu tus Tswv lub npe yuav dim. Yuav muaj neeg dim hauv Xi-oo thiab hauv Yeluxalees raws li Yawmsaub hais cia lawd, thiab cov uas dim ntawd yog yuav muaj cov uas Yawmsaub hu."*
*-Yau-ee 2:32*

*"Petus thiaj hais rau lawv tias, "Cia li ntxeev dua siab tshiab thiab txhua tus ua kevcai raus dej hauv Yexus Khetos lub npe kom thiaj daws tau nej lub txim, mas nej yuav tau txais Vaj Ntsuj Plig tus dawb huv uas VajTswv pub."*
*-Tubtxib Tes Haujlwm 2:38*

*"Rau qhov txhua tus uas yug ntawm VajTswv los kuj kov yeej lub ntiajteb. Thiab peb txojkev ntseeg yog qhov uas kov yeej lub ntiajteb. Leejtwg kov yeej lub ntiajteb? Tsuas yog tus uas ntseeg tias Yexus yog VajTswv tus Tub xwb."*
*-1 Yauhas 5:4-5*

*"Cia li hu thov kuv rau hnub uas raug ceeblaj, kuv yuav cawm nej dim thiab nej yuav ua rau kuv tau koob meej."*
*-Ntawv Nkauj 50:15*

*"Koj yog kuv lub chaw nraim cev, koj tsom kwm tsis pub kuv raug kev ceeblaj, koj muab zaj nkauj uas qhuas tias kuv dim lawm los qhwv nkaus kuv." - Ntawv Nkauj 32:7*

*"VajTswv cawm peb dim lub hwjchim tsaus ntuj thiab coj peb los nyob hauv nws tus tub uas nws hlub lub tebchaws. Hauv tus tub ntawd peb thiaj raug txhiv dim, yog qhov uas daws lub txim." -Khaulauxi 1:13-14*

*" 'Tsis muaj ib yam cuab yeej uas tsim los tawm tsam yeej koj, thiab koj yuav rhuav tshem txhua tus nplaig uas sawv los txiav txim rau koj. No yog Yawmsaub cov tub qhe li qub txeeg qub teg, thiab yog qhov uas kuv tsa lawv cai.' Yawmsaub hais li no ntag." -Yaxaya 54:17*

*"Nej cov leejtwg raug txom nyem? Cia tus ntawd thov VajTswv. Muaj leejtwg xyiv fab? Cia tus ntawd hu nkauj qhuas. Nej cov muaj leejtwg muaj mob? Cia tus ntawd hu cov uas saib xyuas pawg ntseeg tuaj thiab cia lawv thov VajTswv pab nws thiab muab roj pleev nws hauv tus Tswv lub npe. Tej lus thov uas muaj siab ntseeg yuav kho tus mob zoo thiab tus Tswv yuav tsa nws sawv. Yog nws tau ua txhaum, tus Tswv yuav zam txim. Vim li no nej ib leeg yuav tsum lees txim rau ib leeg, thiab ib leeg thov VajTswv pab ib leeg xwv thiaj kho nej tej mob zoo. Tus ncaj ncees tej lus thov muaj hwjchim ua tau tiav." -Yakaumpau 5:13-16*

*"Tiamsis nws raug mob vim yog tim peb tej kev fav xeeb, nws raug ntsoog vim yog tim peb tej kev txhaum. Txojkev nplawm uas ua rau peb tau nyob kaj siab lug poob rau saum nws, qhov nws raug to ntawd kuj yog kho kom peb zoo." -Yaxaya 53:5*

*"Nws hais tias, 'Yawmsaub yog kuv txhib zeb, yog kuv lub chaw ruaj khov, yog tus uas tso kuv dim, yog kuv tus VajTswv, yog txhib zeb uas kuv los nraim cev, yog kuv daim phiaj hlau, yog txwm kub uas cawm kuv dim, yog kuv lub chaw ruaj khov, yog kuv lub chaw nraim cev, thiab yog kuv tus cawmseej. Koj cawm kuv dim tej neeg limhiam ntais ntuj.' " -2 Xamuyee 22:2-3*

*"Tus uas tus Tswv tsis suav nws tej kev txhaum kuj tau nyob kaj siab lug." -Loos 4:8*

*"Vim VajTswv tsis pub lub siab ntshai rau peb tiamsis pub lub siab muaj hwjchim thiab kev hlub thiab kev tswj yus tus kheej rau peb." -2 Timaute 1:7*

*"Nej yuav nrhiav kuv thiab ntsib kuv rau thaum nej nrhiav kuv kawg siab kawg ntsws." -Yelemi 29:13*

*"Nws tsis ua rau peb raws li peb lub txim, lossis ua pauj rau peb raws li peb tej kev txhaum. Lub ntuj nyob siab saum*

*lub ntiajteb npaum li cas, nws txojkev hlub ruaj khov muaj rau cov uas paub ntshai nws siab npaum li ntawd. Hnub tuaj nyob deb hnub poob npaum li cas, nws daws peb tej kev fav xeeb pov tseg deb npaum li ntawd."*

*-Ntawv Nkauj 103:10-12*

*"Qhov uas muab nws xyeem tib zaug xwb, Yexus kuj ua rau cov uas tabtom muab cais ua dawb huv ua tau neeg zoo kawg nkaus mus ib txhis." -Henplais 10:14*

*"Yawmsaub muaj siab hlub thiab siab khuvleej, nws tsis chim sai thiab muaj txojkev hlub ruaj khov nplua mias. Yawmsaub ua zoo rau txhua tus, nws tab ncuab txhua yam uas nws tsim." -Ntawv Nkauj 145:8-9*

*"Kuv tus ntsuj plig 'e, cia li qhuas Yawmsaub, kuv lub siab lub ntsws, cia li qhuas nws lub npe uas dawb huv. Kuv tus ntsuj plig 'e, cia li qhuas Yawmsaub, thiab pheej nco ntsoov nws tej txiaj ntsig huvsi. Nws yog tus uas zam koj tej kev txhaum huvsi, thiab kho koj tej mob kom zoo huvsi. Nws txhiv koj txojsia dim hauv qhov tuag; thiab muab txojkev hlub uas ruaj khov thiab txojkev khuvleej rau koj ntoo. Nws pub tej yam zoo txaus nkaus koj lub siab mus tag koj sim neej, koj thiaj rov muaj lub neej hluas zoo li tus dav."*

*-Ntawv Nkauj 103:1-5*

*"Thaum kawg no cia li muaj zog rau hauv tus Tswv thiab rau hauv nws lub hwjchim uas muaj zog. Cia li muab VajTswv cev cuab yeej huvsi los hnav thiaj li tawm tsam yeej Ntxwg Nyoog tej tswvyim phem. Rau qhov peb tsis yog tawm tsam nqaij thiab ntshav, tiamsis tawm tsam tej timtswv thiab tej hwjchim thiab tej uas kav lub qab ntuj tiam tsaus ntuj no thiab tawm tsam tej dab phem saum nruab ntug huvsi. Vim li no cia li muab VajTswv cev cuab yeej huvsi los, kom nej thiaj tiv yeej rau hnub uas phem, mas thaum ua txhua yam tag lawd nej tseem yuav nyob ruaj khov tau. Vim li no nej cia li nyob ruaj khov es muab txojkev tseeb los sia ntawm duav, thiab muab txojkev ncaj ncees los ua daim hlau hnav thaiv hauv siab, thiab muab qhov uas npaj txhij piav txoj xov zoo hais txog kev kaj siab lug, los ua khau rau. Tsis tag li ntawd cia li muab txojkev ntseeg ua daim hlau thaiv, uas nej siv tua tau tus uas Phem rab hmuv hluavtaws. Cia li muab txojkev dim ua lub mom hlau los ntoo, thiab tuav rawv Vaj Ntsuj Plig rab ntaj uas yog VajTswv txojlus. Cia li thov VajTswv rau hauv Vaj Ntsuj Plig txhua lub sijhawm, yuav tsum siv zog taij thov txhua yam. Vim li no cia li ceev faj zov tos thiab taij thov pab cov xov dawb txhua tus tsis tu ncua li." -Efexau 6:10-18*

*"Nws kho cov neeg lwj siab thiab qhwv lawv tej qhov txhab." -Ntawv Nkauj 147:3*

*"Txhua tus uas ua haujlwm khwv thiab ris lub nra hnyav, cia li los cuag kuv, kuv yuav pub nej tau so los siav. Cia li muab kuv rab quab los kwv thiab kawm ntawm kuv, rau qhov kuv siab mos siab muag tsis muab hlob, mas nej lub siab thiaj tau so. Rau qhov kuv rab quab kuj yoojyim kwv, thiab kuv lub nra kuj sib." -Mathai 11:28-30*

www.ingramcontent.com/pod-product-compliance
Lightning Source LLC
LaVergne TN
LVHW060302051026
849517LV00003B/924
*9798893425093*